16	3	2	13
5	10	11	8
9	6	7	12
4	15	14	1

José Eli da Veiga

O ANTROPOCENO E A CIÊNCIA DO SISTEMA TERRA

editora 34

EDITORA 34

Editora 34 Ltda.
Rua Hungria, 592 Jardim Europa CEP 01455-000
São Paulo - SP Brasil Tel/Fax (11) 3811-6777 www.editora34.com.br

Copyright © Editora 34 Ltda., 2019
O Antropoceno e a Ciência do Sistema Terra © José Eli da Veiga, 2019

A FOTOCÓPIA DE QUALQUER FOLHA DESTE LIVRO É ILEGAL E CONFIGURA UMA
APROPRIAÇÃO INDEVIDA DOS DIREITOS INTELECTUAIS E PATRIMONIAIS DO AUTOR.

Capa, projeto gráfico e editoração eletrônica:
Bracher & Malta Produção Gráfica

Revisão:
Beatriz de Freitas Moreira

1ª Edição - 2019 (1ª Reimpressão - 2025)

CIP - Brasil. Catalogação-na-Fonte
(Sindicato Nacional dos Editores de Livros, RJ, Brasil)

V724a	Veiga, José Eli da, 1948 O Antropoceno e a Ciência do Sistema Terra / José Eli da Veiga. — São Paulo: Editora 34, 2019 (1ª Edição). 152 p.

ISBN 978-85-7326-726-6

1. Desenvolvimento sustentável.
2. Ecologia. 3. Economia ambiental.
4. Governança global. 5. História da ciência.
6. Filosofia da ciência. I. Título.

CDD - 333.7

O ANTROPOCENO
E A CIÊNCIA DO SISTEMA TERRA

Cronologia 8

Prólogo: A nova Época 11
1. Sobrevoo 17
2. Zoom 57
3. Achados 89
   Epílogo: A promessa 121

Referências bibliográficas 125
Agradecimentos 137
Sobre o autor 138
Índice remissivo 141

Às três Amarais:
Terezinha (Agar), Cuca (Lucia) e Guida (Margarida)

CRONOLOGIA

Anos atrás
(em 2019)

4,5 bilhões	Formação do planeta Terra.
3,8 bilhões	Surgimento de organismos.
230 milhões	Primeiros dinossauros.
65 milhões	Início da Era Cenozoica e extinção dos dinossauros.
6 milhões	Último ancestral comum de humanos e chimpanzés.
5 milhões	Início do Plioceno, última Época do Terciário (Neogeno).
2,588 milhões	Início do Pleistoceno, primeira Época do Quaternário.
2,5 milhões	Evolução do gênero *Homo* na África e início do Paleolítico.
2 milhões	Espécies humanas se espalham pela Eurásia.
1 milhão	Utilização do fogo de maneira controlada pelo *Homo erectus*.
500 mil	*Homo neanderthalensis* na Europa e no Oriente Médio.
200 mil	*Homo sapiens* na África Ocidental.
100 mil	Generalização do uso controlado do fogo.
70 mil	Espalhamento geográfico dos *Sapiens*.

45 mil	*Sapiens* povoam a Austrália extinguindo megafauna.
30 mil	Extinção dos *Neanderthalensis*.
16 mil	*Sapiens* povoam a América extinguindo megafauna.
13 mil	*Sapiens* torna-se a única espécie humana com a extinção do *Floresiensis*.
11,7 mil	Início do Holoceno, segunda Época do Quaternário, e início da Idade Greenlandiana.
11,5 mil	Surgimento da agricultura, transição do Paleolítico ao Neolítico.
8,2 mil	Início da Idade Northgrippiana.
6 mil	Fim da Pré-História, início da Antiguidade.
5 mil	Reinos, escritas, dinheiro, religiões politeístas.
4,2 mil	Início da Idade Meghalayana e do Império Acádio.
2,5 mil	Moeda, Império Persa e budismo.
2 mil	Império Han na China, Império Romano no Mediterrâneo e cristianismo.
1,4 mil	Fim da Antiguidade, início da Idade Média e islamismo.
565	Fim da Idade Média, início da Idade Moderna.
500	Ciência e ascensão do capitalismo.
229	Fim da Idade Moderna, início da Idade Contemporânea.
200	Indústria, Estado, mercado e extinção de plantas e animais.
74	Primeira explosão nuclear.
55	Início da "Grande Aceleração".

Prólogo
A NOVA ÉPOCA

A historiografia e várias ciências, como astronomia, biologia, física, geologia e paleontologia, privilegiam critérios e fatos bem diferentes em suas cronologias. As duas principais convenções — a dos tempos geológicos e a dos tempos humanos — estão combinadas na cronologia das páginas anteriores por estrita exigência dos dois motes deste livro: o estudo da proposta de uma nova Época,[1] o Antropoceno, e do surgimento de uma nova ciência, a Ciência do Sistema Terra, que integra aspectos de diversas disciplinas para entender o funcionamento de nosso planeta e o impacto dos seres humanos sobre ele. O Antropoceno não aparece na cronologia porque ainda não foi formalizado o início dessa etapa em que as atividades humanas passaram a ser o principal vetor de mudança ecossistêmica global.

Oficialmente vivemos há 4.200 anos na Idade Meghalayana, a mais recente subdivisão do Holoceno, só reconhecida pela União Internacional de Ciências Geológicas (IUGS)

---

[1] A Geologia costuma usar maiúsculas em "Era", "Época" e "Idade", noções que para essa disciplina não são intercambiáveis, ao contrário do que ocorre com a História. No âmbito das Humanidades, se diz, sem risco de erro, "época industrial", "era industrial" ou "idade industrial". Não é assim na Geologia, ciência para a qual é erro crasso confundir Época com Era, pois cada Era é composta de várias Épocas. Mesmo assim, é bem frequente que comunicadores deem preferência ao termo "era" (com minúscula) para Antropoceno ou Holoceno.

em 14 de junho de 2018. Há 4.200 anos, o clima esfriou alterando o regime de chuvas do planeta e provocando uma seca de duzentos anos que afetou as grandes civilizações agrícolas no Mediterrâneo, Oriente Médio e Ásia, além de levar ao colapso a da Mesopotâmia. Mudança climática que deixou marcas em rochas e sedimentos por toda parte, mas especialmente em estalagmites de cavernas do estado de Meghalaya, no Norte da Índia. Na proposta aprovada pela IUGS, o Holoceno passou a ter três Idades: Greenlandiana, Northgrippiana e Meghalayana. É provável que o Holoceno venha a ter uma data de encerramento, por razões que serão expostas neste livro.

A rigor, civilizações nem teriam surgido não fosse a invenção da agricultura, por sua vez favorecida por atenuação climática há 12 mil anos. Fim de longo período glacial que já durava uns 100 mil anos, o abrandamento meteorológico também marcou ruptura com os muitos milênios em que a evolução humana dependeu de predações, extrativismos vegetais, pescas e caçadas.

Tudo o que aconteceu desde tão misteriosa passagem — chamada de revolução ou transição demográfica neolítica, ou de "primeira revolução agrícola" — coincide com a curtíssima Época batizada pelos geólogos com o prefixo *Holo*, para bem destacar que é a mais recente. Um ínfimo lapso de doze milênios, inteiramente distinto de tudo que o precedeu em 4,5 bilhões de anos de história planetária.

As principais características do Holoceno foram moderação e constância ecológicas tão formidáveis que propiciaram decisivos avanços sociais, impulsionados essencialmente por cooperação e coesão entre os humanos.[2]

---

[2] A melhor visão panorâmica do Holoceno está na *História das agriculturas no mundo: do neolítico à crise contemporânea*, de Marcel Ma-

Porém — como ninguém tem mais o direito de ignorar — eis uma vantagem comparativa que passou a ser desregulada por excessivas influências artificiais de atividades humanas. Então, para distinguir essa nova etapa, em que a durabilidade da vida na Terra passou a depender da conduta de uma única espécie — a humana —, é bem mais apropriado o prefixo *Antropo* do que *Holo*.

Só que não é nada simples identificar o momento histórico desse grande salto de *Holo* para *Antropo*. Estabelecer o ponto de mutação é um dos tópicos bem controversos que não tardará a surgir nas próximas páginas deste livro, mas sobre o qual não há por que fazer suspense: meados do século passado, quando as primeiras explosões nucleares coincidiram com o desencadeamento de incomparável surto de progresso material. Essa tende a ser a mais consensual datação entre os experts que preparam a proposta de oficialização do Antropoceno.

Ainda mais difícil que relatar esse debate sobre a data mais adequada é descrever o ambiente científico em que emergiu a proposta de uma nova Época. Quer dizer, a evolução das bases conceituais e das evidências empíricas em que se apoiam os cientistas ao fundamentarem a ideia de passagem de Holoceno a Antropoceno. Para facilitar a compreensão, a matéria está distribuída em três capítulos neste volume, bem diferentes em conteúdo e estilo.

No capítulo 1, são apresentados — nos moldes de divulgação científica — quase todos os aspectos que precisam ser conhecidos sobre os mais pertinentes debates. Convida o leitor a primeiro sobrevoar o que há de mais importante sobre o tema, antes de penetrar em seus fundamentos científicos.

zoyer e Laurence Roudart (São Paulo, Editora Unesp, 2010 [1997], tradução de Cláudia F. F. B. Ferreira).

Prólogo: A nova Época

O "zoom" proposto no capítulo 2 continua a fazer história da ciência para leigos, só que mediante inspeção dos principais documentos e sacrificando o mínimo possível a precisão em nome de maior eficácia comunicativa. Ao apresentar seleção da literatura científica mais candente, o segundo capítulo é um incisivo convite à reflexão sobre as mais valiosas contribuições do discurso sobre o que tem sido chamado, há três ou quatro décadas, de "Sistema Terra".

Tamanha mineração de evidências científicas provoca uma séria dúvida. Não sobre a proposta básica — de legitimação da nova Época na Escala do Tempo Geológico —, mas sim sobre a retórica dos pesquisadores envolvidos no que seria a nova disciplina "Ciência do Sistema Terra". Não por outra razão, os "achados" do capítulo 3 tornam-se indagações, apresentadas em estilo que só não chega a ser tão leve quanto o do primeiro capítulo porque a inevitável dissecação de certas ideias envolve grau mais elevado de abstração epistemológica.

O leitor não demorará a perceber que os discursos sobre a Terra como um singular sistema estão fortemente vinculados à chamada "Hipótese Gaia". Quando se começou a pensar que a própria vida poderia ter alterado — em seu favor — o ambiente inorgânico global que a condiciona, não demorou para que um conhecedor da mitologia grega sugerisse que tal conjectura fosse apelidada de Gaia, a grande progenitora. E suposição diametralmente oposta à da existência de poderoso termostato natural para o planeta, gerado pela vida, veio à tona, depois de trinta anos de controvérsia, desta vez evocando a maligna Medeia.

Por razões sobre as quais é melhor descartar quaisquer especulações, dez anos depois de ter sido lançada, a "Hipótese Medeia" permanece desconhecida, ou propositadamente ignorada. Em flagrante contraste com a notável popularidade imediatamente conquistada por Gaia, desde os anos

1970, e que não parou de crescer. Ainda mais relevante é que ambas continuem rejeitadas por muitos pesquisadores, mesmo que alguns reconheçam ter encontrado verdades parciais nos dois polos. Como é bem frequente, esta parece ser mais uma confirmação de que raciocínios do tipo "se é isto não pode ser aquilo" quase sempre devem ser substituídos pelo pensamento inverso, que se apoia no "também", no "do mesmo modo", ou no "ao mesmo tempo".

Em história da ciência, não tem o mínimo valor o que se impôs na luta política, âmbito em que raciocinar assim é "ficar em cima do muro". Aqui será sempre preferível procurar pelo que pode haver de razoável em cada um dos extremos das controvérsias. Não à toa, uma das principais apostas deste livro é persuadir o leitor de que, com extrema frequência, lógicas contrárias nutrem-se uma da outra, completando-se enquanto se opõem.

Prólogo: A nova Época

1.
SOBREVOO

Foi por ter percebido bem cedo o quanto o aquecimento global pode ser decisivo para o futuro da humanidade que o holandês Paul Crutzen propôs em 2000 — cinco anos depois de ter sido agraciado com o Prêmio Nobel de Química[3] — o término do Holoceno. Isto é, o fim do período dos últimos 11.718 anos (com margem de erro de 99 anos) ao longo dos quais se deu o processo civilizador.[4] Época que favoreceu advento das práticas agropecuárias que vagarosamente foram facilitando a minimização de modos de sobrevivência extrativistas, dependentes de coleta, caça e pesca. E que agora entra em etapa das mais enigmáticas, principalmente por causa da inteligência artificial.

Em Cuernavaca, no México, durante importante encontro científico, Crutzen ouvia repetidas menções de paleontólogos ao Holoceno, quando, em irritado repente, balbuciou o termo Antropoceno. Rótulo já usado informalmente, havia uns vinte anos, pelo ecólogo Eugene F. Stoermer, e cuja compreensão costuma ser atribuída a vários precursores, entre os

---

[3] Junto com Mario Molina e Frank Sherwood Rowland, por suas pesquisas sobre a formação e decomposição da camada de ozônio. Atualmente Paul Crutzen é professor do Instituto Max Planck de Química, em Mainz, na Alemanha.

[4] Sobre o processo civilizador são indispensáveis os estudos de Norbert Elias (Elias, 1990, 1994; ver também Deluermoz, 2014).

quais o geoquímico russo Vladimir Vernadsky, que no início do século XX renovou a visão da biosfera.

Embora essa ideia de passagem do Holoceno ao Antropoceno não esteja oficializada pela comunidade científica — o que poderá ocorrer em 2020, no próximo congresso mundial de geologia —, é bem fraco o argumento dos que a ela se opõem alegando que os registros disponíveis ainda não se tornaram suficientemente robustos.

No extremo oposto está a tendência a se associar o Antropoceno a um tipo de armagedom, do qual a humanidade só escaparia por arrependimento do pecado de ter destruído a natureza original (primária, virgem, ou mais precisamente prístina). E há até quem pregue, por exemplo, a mágica substituição do Antropoceno por um Ecoceno, no qual passe a haver harmonia entre todas as espécies vivas da Terra, com a eliminação da exploração e da dominação de uma espécie sobre as demais.

Além dessas duas overdoses de fantasia, também não deixa de ser esquisito notar um grande desconhecimento sobre o próprio Holoceno em grande parte das narrativas sobre a questão. É bem verdade que ele se caracterizou por extraordinária estabilidade climática, em qualquer comparação com o que houve antes, a começar pelos mais de 2,5 milhões de anos do Pleistoceno. Mas supor que seu clima não tenha sofrido abruptas e calamitosas alterações é ignorar as evidências.

Entre as mais marcantes, destacam-se as quatro que coincidiram com inequívocas crises civilizacionais. Há 4,2 mil anos, a desintegração do primeiro Estado mesopotâmico semita, na região da Acádia (centro do atual Iraque), durante a maior seca de baixa latitude de que se tem notícia. O bem mais célebre "colapso maia", entre os séculos VIII e IX, diante de excepcional aridez tropical. E a derrocada da colonização nórdica da Groenlândia há cerca de seiscentos anos.

Nada disso chega a ser comparável, contudo, à Crise Global do Século XVII, em meio à chamada Pequena Idade do Gelo. Entre 1640 e 1715 tamanha adversidade causou o desaparecimento de um terço da população mundial, conforme estimativa do notável historiador Geoffrey Parker.[5]

Em três quartos de século houve mais casos simultâneos de rupturas político-estatais do que em qualquer outra conjuntura, anterior ou posterior. Por ordem alfabética, dramáticas reviravoltas aconteceram na China, Dinamarca, Escócia, Espanha, França, Holanda, Índia, Inglaterra, Irlanda, Istambul, Polônia/Lituânia, Rússia e Suécia. E a frequência de revoltas populares no resto do mundo também teve um claro pico em meados do século XVII.

A equipe liderada por David D. Zhang (2007), professor de geografia da Universidade de Hong Kong, encontrou altíssimas correlações entre mudanças climáticas globais, guerras e declínios populacionais. Porém, como não se pode delas depreender relações de causa e efeito, também é defensável a posição que minimiza o papel do fator clima nessas convulsões, como a do eminente historiador francês Emmanuel Le Roy Ladurie (1988). Não importa, pois o que mais interessa é perceber que o Holoceno teve clima muito estável quando comparado ao Pleistoceno, sem que isso signifique que o aquecimento global — agora provocado pelos humanos — seja a primeira mudança abrupta a colocar em xeque o processo civilizador.

Mais: se foi possível ultrapassar uma crise global como a de 1640-1715, com instituições pré-modernas e tecnologias barrocas, por que supor que o Antropoceno será necessariamente cataclísmico? Com toda a certeza esse é um dos cená-

---

[5] Em seu impressionante livro *Global Crisis: War, Climate Change and Catastrophe in the Seventeenth Century* (New Haven, Yale University Press, 2017 [2013]).

Sobrevoo

rios possíveis. Mas está muito longe de ser o único e talvez não seja, sequer, o mais provável.

PERPLEXIDADE

Mesmo assim, é preciso perguntar: será que a preponderância das ações humanas sobre os demais vetores que alteram a história da Terra teria mesmo tirado o mundo do estável Holoceno, levando-o a essa nova e ainda desconhecida Época, batizada de Antropoceno?

Respostas a tal pergunta têm causado muito mais assombro do que se poderia supor. É que a ideia original sofreu incontáveis metamorfoses após extravasar o âmbito científico. Tanto que a melhor revisão de tamanha algaravia está no artigo intitulado "The Anthropo-Scene: A Guide for the Perplexed", no qual o geógrafo Jamie Lorimer usa tal trocadilho para realçar os diferentes padrões não científicos em que a noção passou a ser usada: *zeitgeist* intelectual, provocação ideológica, novas ontologias e ficção científica (Lorimer, 2016).

Balanço similar foi logo depois publicado por colega da mesma instituição, a School of Geography and the Environment, da Universidade de Oxford. E nada parece ter escapado ao ecólogo Yadvinder Malhi em extenso artigo concentrado nas contribuições científicas sobre a questão, "The Concept of the Anthropocene" (Malhi, 2017).

Tão bem-vindas descrições analíticas dessa "antropo--cena" serão mais bem explicadas nos próximos capítulos deste livro, o que não impede que já se apresente, aqui, uma breve síntese das quatro principais racionalizações que elas provocam.

Prepondera, na comunidade científica, a suposição de que o conhecimento das influências que o processo civilizador exerce sobre a dinâmica ecossistêmica virá a permitir gestão informada e racional dos problemas, mediante novos modos de governança. Para a pergunta "Como lidar com o Antropoceno?", essa é a resposta implícita no que dizem os pesquisadores que se dedicam a fazer avançar a Ciência do Sistema Terra em instituições de primeira linha de ao menos uma dezena de nações,[6] cabalmente explícita entre cientistas políticos que estudam a sustentabilidade global.[7]

Extrapolação prometeica dessa esperança é a da segunda e bem mais coesa corrente, que lançou em 2015 o Manifesto Ecomodernista e que anima o aguerrido The Breakthrough Institute.[8] Tal aposta num antropocentrismo esclarecido vê a nova Época como excelente oportunidade para se buscar, com mais afinco, a desejada desmaterialização da economia. Isto é, a ambição de que o uso de recursos naturais e os impactos ambientais deixem de acompanhar o crescimento econômico, o que é chamado de *decoupling* e traduzido por descasamento ou desacoplamento.

Em terceiro sobressai-se a atitude inversa dos que, alarmados com provável ruptura cataclísmica do chamado Sistema Terra, só admitem, como já foi dito, que eventual saída

---

[6] Com destaque para o sueco Stockholm Resilience Centre, da Royal Swedish Academy of Science; o dinamarquês Center for Macroecology, Evolution and Climate, da Universidade de Copenhague; o norueguês Geophysical Institute, da Universidade de Bergen; o alemão Research Domain Earth System Analysis, do Potsdam Institute for Climate Impact Research; o britânico Earth System Science Group, do College of Life and Environmental Sciences da Universidade de Exeter; e o estadunidense Earth System Science Interdisciplinary Center, da Universidade de Maryland. No Brasil, principalmente o CCST (Centro de Ciência do Sistema Terrestre) do INPE (Instituto Nacional de Pesquisas Espaciais), de São José dos Campos, SP (<http://www.ccst.inpe.br/>).

[7] Cf. <http://www.earthsystemgovernance.org/>.

[8] Cf. <https://www.thebreakthrough.org>.

dependa de a humanidade se mostrar capaz de drástico abandono do antropocentrismo. O principal expoente desta perspectiva é Clive Hamilton (2017), professor australiano de ética pública.

A quarta corresponde à inclinação de pesquisadores que, no âmbito da Biologia da Conservação, destacam a restauração das funções dos ecossistemas mais do que a necessidade de imensas reservas para a preservação de espécies nativas. Bem próxima da primeira atitude, que aposta na gestão informada e racional dos problemas, cresce esse moderado pragmatismo, que obteve ampla visibilidade com a proposta de um "espaço seguro e justo para a humanidade", respeitoso do que chamam de "fronteiras planetárias". Ideia que foi muito bem aproveitada pela economista britânica Kate Raworth (2012, 2017), lançadora da parábola do *doughnut*.

Antes, porém, de meritórios comentários sobre a excelente proposição de Raworth, importante é ressaltar que não deve haver coincidência no fato de os quatro discursos normativos que acabam de ser elencados corresponderem às mais conhecidas propensões psíquicas dos humanos sobre a natureza.

Para os que a têm como essencialmente benigna, ela seria tão robusta, estável e previsível, que um bom manejo contrabalançaria males impostos pela ascensão dos humanos. Para os que, ao contrário, a percebem particularmente delicada, seria tão frágil, precária e efêmera que os humanos deveriam lidar com ela como se estivessem pisando em ovos.

Há os que combinam as duas predisposições acima, pois vislumbram a natureza simultaneamente tolerante e perversa. Para eles, em certas condições ela se manteria benigna, mas, em outras, se tornaria periclitante. E ainda há os que têm a natureza como tão caprichosa que proibiria qualquer pretensão humana de gerenciá-la.

Em suma, as quatro retóricas políticas dos protagonistas da "antropo-cena" se parecem demais ao que há muito tempo é estudado como "os quatro mitos sobre a natureza", muito bem caracterizados pelo emérito professor inglês John Adams no livro *Risco* (2009 [1995]: 69). E elas só podem ser razoavelmente comparadas e avaliadas à luz de cuidadosa análise das evidências apresentadas pelos principais defensores da tese, segundo a qual o Holoceno já era, o Antropoceno já é, e desconhece-se o que já vem.

Rosca

Esses bolinhos chamados de *donuts* pelos americanos, *doughnuts* pelos britânicos e *dónutes* pelos portugueses têm forma de rosca, ou de miniatura de câmara de ar de pneu. É preciso ter a imagem em mente para entender o título do oportuno livro didático sobre o pensamento econômico, *Doughnut Economics*, lançado em 2017. A autora, Kate Raworth, hoje na Universidade de Oxford, obteve grande notoriedade por participações anteriores no Programa das Nações Unidas para o Desenvolvimento (PNUD) e no Comitê de Oxford de Combate à Fome (Oxfam — Oxford Committee for Famine Relief), com pesquisas sobre empreendedorismo social na Tanzânia.

A imagem do bolinho (ver Figura 1) foi inspirada pelo diagrama usado, desde 2009, por cientistas que estudam o Sistema Terra, ao procurarem sintetizar uma dezena de condicionantes ecológicas do desenvolvimento humano: as já bem conhecidas "fronteiras planetárias" (*planetary boundaries*, ver Rockström *et al.*, 2009; Nordhaus *et al.*, 2012; Steffen *et al.*, 2015; e Steffen *et al.*, 2018).

O que a autora pretende é que em tal diagrama sejam embutidas, de forma bem explícita, suas fronteiras internas de natureza social. Por isso, em vez de se referir apenas a um "espaço operacional seguro" para a humanidade, como dizem os criadores da abordagem das fronteiras planetárias, ela propõe que tal referência seja ao que seria um "espaço seguro *e justo* para a humanidade" (Raworth, 2012).

Assim, na parte externa da rosca aparece a dezena de limiares naturais: acidificação dos oceanos, aquecimento global, redução da camada de ozônio, erosão da biodiversidade, excessivas cargas de nitrogênio e fósforo, inseguranças hídricas, poluições do ar, poluições químicas e usos irresponsáveis dos solos. E, por dentro, uma dúzia de direitos humanos que continuam desrespeitados setenta anos depois de sua declaração universal. Também em ordem alfabética: água, alimento, educação, energia, equidade social, habitação, igualdade de gênero, influência política, paz-e-justiça, redes, saúde, trabalho-e-renda.

O potencial pedagógico dessa criativa alegoria visual vem sendo comprovado na prática, principalmente em arenas globais, como a da dificílima elaboração da Agenda 2030 pela Assembleia Geral da ONU, ou em discussões no âmbito do Fórum Econômico Mundial de Davos. No entanto, a principal contribuição do livro *Doughnut Economics* vai muito além, pois sua real ambição é expor a tese de que são sete os caminhos a trilhar para que o pensamento econômico supere sua trágica obsolescência. Sete insights nos quais Kate Raworth diz que gostaria de ter esbarrado ao longo de sua graduação e mestrado em economia do desenvolvimento. Daí o subtítulo da obra: *Seven Ways to Think Like a 21st-Century Economist*.

Dos sete capítulos dedicados à defesa de tal tese, quatro são sobre crescimento econômico. A autora mostra esperança de que não demore para que os economistas venham a se tornar "agnósticos" em vez de "viciados" em crescimento. Visto que eles já não podem supor que o crescimento seja redutor de desigualdades ou que ajude as sociedades a cuida-

Figura 1
O *doughnut* proposto por Kate Raworth

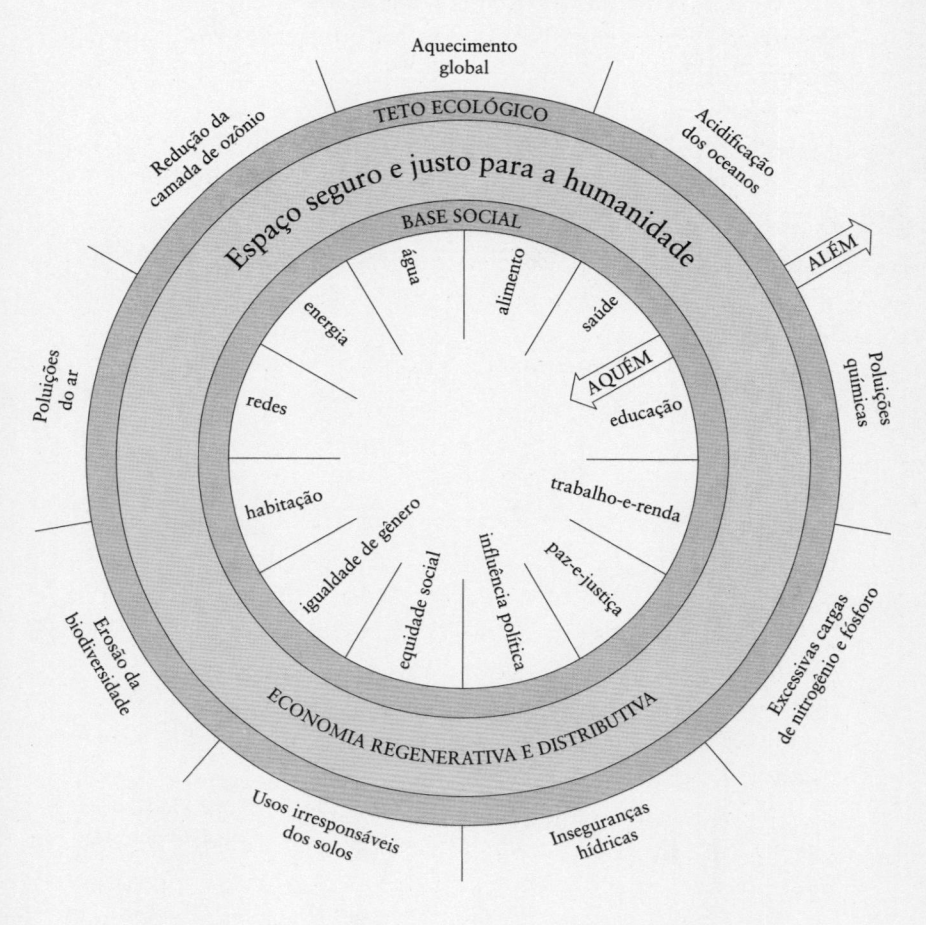

rem do ambiente. Três caminhos que, juntos, levariam ao quarto: substituição do Produto Interno Bruto (PIB) por bússola similar ao seu curioso *doughnut*.

Bem mais desafiadores são os demais caminhos, por tropeçarem em dificuldades cognitivas ainda mais sérias: a ideia de mercado autorregulado, o mito do homem econômico racional, e, sobretudo, a ingênua noção de equilíbrio. A esse trio a autora contrapõe outro, formado pela visão de uma economia integrada e imersa (*embedded*), o entendimento da adaptabilidade humana, e a dificílima noção de complexidade dinâmica.

Um dos grandes méritos da narrativa de Raworth é trocar em miúdos essa tal de "complexidade", assunto que deveria merecer mais atenção, como será ressaltado no capítulo 3 deste livro. Mas que também costuma ser objeto de discursos dos mais intangíveis, volúveis e etéreos, quando não fantasiosos.

Raworth começa por rememorar três mecanismos relativamente simples: estoques/fluxos, circuitos de retorno (*feedback loops*) e demora/retardamento (*delay*), para em seguida desafiar o leitor a refletir sobre as possíveis resultantes das interações entre os três. Justamente o que faz emergir comportamentos não lineares de intrincados sistemas adaptativos que — longe do equilíbrio — tanto podem se manter relativamente estáveis quanto se mostrar capazes de gerar abruptas oscilações, explosões de bolhas, crashes, convulsões, colapsos etc. É convicção da autora que essa "dança da complexidade" substituirá o equilibrismo newtoniano que ainda escraviza o pensamento econômico.

Entre os poucos defeitos dessa excelente exposição sobre sete avenidas evolutivas abertas ao pensamento econômico, destaca-se a incoerência entre as gigantescas pressões em favor da inércia e a entusiástica aposta da autora de que o ícone da rosquinha possa triunfar por volta de 2030. Suas argumentações sugerem, ao contrário, que tamanha revolução científica nem venha a acontecer neste século, fazendo com que o subtítulo mais apropriado para eventual tradução de seu livro possa ser algo como "Sete caminhos para se pensar como economista no Antropoceno".

A "Grande Aceleração"

Definir uma nova Época, em que a humanidade teria se tornado o vetor mais determinante da evolução ecossistêmica, permanece assunto controverso, como já foi destacado acima. Mas ninguém tem o direito de ignorar que, ao menos desde meados do século XX, os humanos passaram a exercer pressões excessivas sobre alguns dos mais relevantes ciclos biogeoquímicos, como os do carbono e do nitrogênio. Ao mesmo tempo em que ocorria inédita escalada geral de outros impactos artificiais (antrópicos) sobre a biosfera. Talvez baste lembrar que, de todo o dióxido de carbono atribuível às atividades humanas hoje estocado na atmosfera, três quartos foram emitidos apenas no curto lapso dos últimos setenta anos.

No piscar de olhos histórico em que viveram as três últimas gerações, o número de veículos motorizados passou de 40 milhões para 850 milhões. A produção de plásticos, de mero milhão de toneladas para 350 milhões de toneladas. A quantidade de nitrogênio sintético (principalmente para fertilização agrícola) foi de 4 milhões de toneladas para mais de 85 milhões de toneladas. Somados à erosão da biodiversidade e à acidificação dos oceanos, esses rapidíssimos saltos caracterizam o que está sendo cada vez mais entendido como a "Grande Aceleração".

Claro, trata-se de um fenômeno que não poderá continuar por muito tempo. Aliás, alguns poucos avanços da governança ambiental global já permitiram estancar tendências, entre as quais se sobressai a da perda de ozônio estratosférico.[9] Também diminui a construção de novas grandes barra-

---

[9] Conferir o excelente documentário *Ozone: un sauvetage réussi*, di-

Sobrevoo

gens para a geração de eletricidade e parece tender a recuar a exploração de recursos pesqueiros.

Todavia, por mais próximos que pudessem estar do fim de sua escalada degradadora, os humanos continuariam a exercer fortíssimas e inéditas pressões sobre os ecossistemas. E, como no âmbito das ciências humanas inexistem critérios bem definidos sobre o que deve ser chamado de época, período, era, idade, fase, etapa etc., os pesquisadores das Humanidades imediatamente assimilaram a proposição de que o Antropoceno já começou.

A dificuldade é que o contrário ocorreu no âmbito das ciências naturais. A divisão da história da Terra em Eras, Períodos e Épocas foi há muito tempo estabelecida pela ciência geológica com base em marcadores estratigráficos.[10] E, desde então, foi muito bem acolhida por paleontólogos, arqueólogos e boa parte dos biólogos. Por esse esquema de interpretação, estamos no Holoceno há quase doze milênios, Época que pertence ao Período Quaternário da Era Cenozoica.

Como já foi bastante realçado, a iniciativa de propor o Antropoceno coube a Paul Crutzen, que em 1995 recebera o Prêmio Nobel de Química por suas descobertas sobre a camada de ozônio. A rigor, ele relançou, na virada do milênio, a mesma conjectura que o geólogo armênio George Ter-Stepanian (1907-2006) havia, doze anos antes, chamado de Tecnoceno. Nenhum dos dois, porém, chegou a imaginar que a ideia demoraria tanto para ser aceita pela comunidade dos geocientistas.

---

rigido por Jamie Lochhead, que o canal de TV franco-alemão ARTE exibiu em 1º de setembro de 2018.

[10] Estratigrafia é o ramo da Geologia que estuda os estratos ou camadas de rochas, buscando determinar os processos e eventos que as formaram. Basicamente segue o princípio da sobreposição das camadas.

O 35º Congresso Internacional de Geologia, realizado entre o fim de agosto e o início de setembro de 2016, na Cidade do Cabo, África do Sul, esteve bem longe de acatá-la. Frustrou as expectativas dos que supunham que a discussão seria mais sobre as diversas e possíveis datas para o início da nova Época. Em direção diametralmente oposta, esse conclave recusou decretar o fim do Holoceno.

O argumento básico dos que contestam a necessidade de que a Escala do Tempo Geológico seja alterada é que os registros estratigráficos apresentados pelos já adeptos da conjectura de Crutzen são apenas "potenciais". Admitem até poderem vir a se confirmar no futuro, mas, por enquanto, só se baseariam em previsões. Por isso, declaram que já oficializar essa nova Época seria uma "atitude política", em vez de uma "decisão científica".

Tal argumento é rejeitado por amplo grupo de geocientistas, para o qual a distinção entre Holoceno e Antropoceno já está claramente estabelecida. Por enquanto, essa turma não conseguiu convencer a Comissão Internacional sobre Estratigrafia (ICS), composta de dezesseis subcomissões, cada uma com vinte votos, e dirigida por um comitê executivo de apenas três pesquisadores. Então, oficialmente, não estamos no Antropoceno.

No entanto, como foi há uns 12 mil anos que a espécie humana começou a praticar atividades agrícolas, é muito provável, ou quase certeza, que sua longa evolução cultural — com tantas ascensões e quedas de civilizações — tenha se favorecido das condições naturais, e principalmente climáticas, que caracterizaram o Holoceno. E que a "Grande Aceleração" das agressões humanas à biosfera esteja mesmo marcando uma ruptura suficiente para que seja razoável admitir o advento do Antropoceno.

Pelo sim e pelo não, a ideia de que o mundo já entrou numa nova Época dificilmente poderá ser afastada do debate público, por mais que uma fração dos geólogos e paleontólogos continuem a ela resistir. Ao mesmo tempo, também é preciso prestar muita atenção aos que erroneamente se servem do termo Antropoceno, o tipo de coisa que sempre ocorre quando surge uma boa moda.

Nova Época ou Nova Era?

O atual calendário gregoriano precisou de uns trezentos anos para ser mundialmente adotado. Sua legitimação começou em nações católicas da Europa, lideradas por Espanha, Itália, Polônia e Portugal. Em 1700 chegou à Baviera, Prússia e outras áreas do que hoje é a Alemanha. Meio século depois, foi aceito na Inglaterra, País de Gales e Escócia. Mas na China só em 1912, na Rússia em 1918, na Grécia em 1923 e na Turquia em 1926.

Não deixa de ser esquisita a globalização de uma cronologia que começa com o suposto ano do nascimento de Cristo. Todas as civilizações acabaram por aderir a uma divisão do tempo que resulta de toscas estimativas baseadas em textos bíblicos, feitas há quinze séculos pelo monge Dionísio, o Exíguo. E, ironicamente, a coexistência de algumas das cronologias concorrentes — como a chinesa, a japonesa, a judaica e a islâmica — se restringe ao âmbito religioso.

Trata-se de um fenômeno exemplar para análises sobre a evolução das instituições. Contudo, mais oportuno é lembrar aqui o quanto pode ser diferente qualquer cronologia que resulte de pesquisas científicas em que a história da humanidade esteja devidamente inserida na natureza.

Como já foi destacado, civilizações só puderam engatinhar há cerca de 11.718 anos. Com ínfima margem de erro de 99 anos, foi esse o período em que uma razoável estabilidade climática tornou possível práticas agropecuárias que levaram à paulatina redução de modos de sobrevivência extrativistas baseados em caça, coleta e pesca, autorizando aumentos das densidades populacionais.

Bem mais relevante, porém, é a ruptura desse histórico padrão climático devido ao impacto das atividades humanas, que causou forte interferência na própria regulação global dos ecossistemas. Não foi outra a conjectura que gerou os ainda inconclusivos debates científicos sobre o advento do Antropoceno.

A explícita intenção dos que, desde 2000, se empenham para que tal mudança de Época seja adotada por todas as ciências é que se estabeleça, com clareza, o início da preponderância da humanidade na dinâmica do que consideram ser o Sistema Terra (*Earth System*).

Não demorou, contudo, para que sentidos bem diversos fossem atribuídos ao termo Antropoceno. E um dos que mais desvirtuam a ideia inicial é o jovem historiador israelense Yuval Noah Harari, que se tornou um olímpico recordista de vendas com dois *best-sellers* globais: *Sapiens* (2015 [2011]) e *Homo Deus* (2016 [2015]). O que provavelmente também ocorrerá com seu mais recente lançamento: *21 lições para o século 21* (2018).

Em *Homo Deus*, o segundo da trilogia, em vez de apresentado como uma nova Época, o Antropoceno corresponde a toda a "era da humanidade", que para o autor abrange os setenta milênios desde que "o *Homo sapiens* reescreveu as regras do jogo" (p. 81).

É bom que se saiba que tamanha distorção não ocorre apenas em trabalhos que abusam da licença poética. Mesmo que só se considerem sugestões de datação feitas por cientistas, há duas abordagens bem distantes daquela que levou o Prêmio Nobel Paul Crutzen a provocar esse debate.

Como Harari, essas duas tendências científicas divergentes também não concebem o Antropoceno como um fenômeno vinculado a uma recente ruptura na ecossistêmica global. Uma aponta para qualquer discernível influência humana na alteração da biodiversidade, mesmo que a escala de tais impactos ecossistêmicos tenha sido minúscula. Já a outra ressalta casos de influência global, mas não contemporâneos, documentados por antigas variações das concentrações de gases de efeito estufa na atmosfera.

Para a primeira dessas duas correntes discrepantes, o fenômeno pode ser bem mais antigo do que o sugerido pela poesia de Harari, já que poderia recuar até o uso do fogo pelo *Homo erectus* há cerca de 1 milhão de anos. Para a segunda, os eventos mais relevantes estariam relacionados às migrações do *Homo sapiens* que levaram à extinções de megafauna, à expansão da agricultura e da mineração, ou mesmo à conquista europeia das Américas.

Entre os cientistas que preferem a ideia original de Antropoceno como Época posterior ao Holoceno, um amadurecimento da reflexão coletiva trouxe novo consenso sobre a datação. É que a virada mais relevante não foi a Revolução Industrial, como inicialmente pensara Paul Crutzen, mas sim a já bem caracterizada "Grande Aceleração" de meados do século passado, minuciosamente descrita em 2014 pelos historiadores J. R. McNeill e Peter Engelke no livro *The Great Acceleration: An Environmental History of the Anthropocene since 1945*.

Para que o advento do Antropoceno venha a ser legitimado pelo próximo congresso mundial de geociências, em 2020, qualquer proposta deverá estar firmemente apoiada em evidência estratigráfica que justifique a ocorrência de uma mudança de Época. Isto é, um *golden spike*, o amigável apelido do acrônimo GSSP (Global Boundary Stratotype Section and Point). E tudo leva a prever que o candidato favorito seja o pico dos sinais radioativos deixados por testes nucleares atmosféricos em 1964.

GATO POR LEBRE

No âmbito das ciências humanas já é quase unânime a tese de que o Antropoceno começou em meados do século passado, devido à mencionada "Grande Aceleração" das agressões humanas à biosfera. Mas nada disso é informado ao leitor de *Homo Deus*, pois, sobre esse tema, a única referência bibliográfica pinçada por Harari foi o artigo "Defining the Anthropocene", que o ecólogo Simon L. Lewis e o climatologista Mark A. Maslin, ambos do University College London, publicaram em março de 2015 no volume 519 da revista *Nature*.

É um mérito, pois não há dúvida de que, nesse tipo de assunto, merecem mais atenção as discussões entre pesquisadores das ciências naturais, como bem faz Harari. Só que ele contradiz radicalmente sua única fonte, sem qualquer tipo de aviso ao leitor.

Lewis e Maslin sintetizaram o conhecimento acumulado pelas geociências e pela paleontologia, para depois examinar com muito cuidado oito ensaios de datação do início do Antropoceno. E concluíram que o mais razoável é 1964, reforçando algo já consensual nas ciências humanas. Como alternativa, os autores até admitem que o candidato favorito seria 1610, quando colonialismo, comércio global e carvão já poderiam ter engendrado a virada.

Como aceitar, então, que nada disso seja exposto aos leitores com o propósito de seduzi-los para a romântica ideia de que o Antropoceno teria começado há setenta milênios, quando — segundo Harari — o *Sapiens* já se tornara "governante do mundo"?

Basta lembrar que até a síntese da amônia, no início do século passado, a espécie humana não fazia sequer cócegas na ecossistêmica global. E que ainda foram necessárias várias décadas para que se chegasse a vislumbrar um ponto de ruptura, devido a exorbitantes usos de fertilizantes e praguicidas, à motomecanização, e a concomitantes outras práticas dependentes do crescente emprego de energias fósseis.

Mas há uma outra mancada de Harari no livro *Homo Deus* que aparentemente seria estranha ao tema deste livro, por não estar diretamente relacionada ao desvirtuamento da ideia original de Antropoceno como nova Época, posterior ao Holoceno, questão que agita a comunidade científica desde 2002, quando a revista *Nature* trouxe o artigo "Geology of Mankind", de Paul Crutzen.

Essa segunda mancada, que é mais um motivo para que se tenha muito cuidado na leitura de *Homo Deus*, reside em mais de vinte alusões à "teoria da evolução". Não seria razoável que os leitores ficassem sabendo que existem diversas teorias sobre a evolução, e que o próprio materialismo darwiniano abriga várias correntes, em vez de serem intoxicados justamente por uma das piores? Harari deixa de citar um colega, pois fica óbvia a influência que sofreu da interpretação do historiador francês André Pichot, rechaçada pelos melhores continuadores do pensamento de Darwin, entre os quais se destacam Daniel C. Dennet, Edward O. Wilson, Ernst Mayr, Geoffrey Hodgson, Patrick Tort, Richard Dawkins e Steven Pinker.[11]

O mais calamitoso resultado da enrustida preferência por Pichot está no sétimo capítulo, consagrado a uma suposta "revolução humanista". Entre suas "ramificações" estaria um tal "humanismo evolucionário", com "raízes no terreno firme da teoria evolutiva darwiniana" (p. 258). Algumas páginas depois Harari chega a dizer que a Hitler foi revelada "a verdade quanto ao mundo: uma selva conduzida pelas leis

---

[11] Sobre a teoria da evolução de Darwin, ver Veiga (2017b).

desapiedadas da seleção natural" (p. 261). Aí nem se trata mais de eleger alguma das interpretações do pensamento de Darwin, porque é impossível que sobre ele se diga algo mais simplista e vulgar.

Claro, só lunáticos subestimariam a importância da divulgação científica, que depende muito de comunicadores do calibre de Harari. Seu invejável talento consiste na tradução para o grande público de conhecimentos que a sobriedade, a reserva e a frieza dos pesquisadores quase sempre tornam herméticos.

Há, contudo, um gravíssimo perigo nesse fenômeno: vender gato por lebre devido a excesso de confiança nas vantagens da liberdade poética. Demasiada infidelidade ao conhecimento científico pode fazer com que o tiro saia pela culatra. Não se trata, pois, de desaconselhar um livro que não se resume aos dois defeitos realçados, mas apenas de recomendar que o leitor não se deixe ofuscar pela imensa inventividade do autor. E que também tome cuidado com ingênuas ideias sobre uma suposta "salvação do planeta".

PLANETA

Já é antiga e parece inexorável a mania de se usar o termo "planeta" quando se quer fazer alusão ao meio ambiente. Um deplorável contrassenso, pois não é a integridade do inorgânico (anorgânico, inanimado, abiótico) corpo celeste que corre riscos com o progresso dos *Sapiens*, ao contrário do que está acontecendo com a vida. Para que o prazo de validade do gênero humano não diminua muito, o imprescindível é que seu processo civilizador passe a conservar a biota em vez de degradá-la.

Qual será, então, o motivo desse apego a tão inadequado uso da palavra "planeta", quando a preocupação deve ser

Sobrevoo

com a vida na Terra, ou com o finíssimo invólucro planetário que a ciência chama de biosfera? Uma pergunta que talvez só venha a ser bem respondida por pesquisas em psicologia social, mas para a qual se pode avançar, a título de resposta, a suposição a seguir.

Dois decênios depois do forte impacto da inédita imagem feita em 1972 pela Apollo 17 — apelidada de bolinha de gude azul (*blue marble*) —, teve espetacular sucesso na pedagogia sobre desenvolvimento sustentável dirigida à esfera empresarial o discurso de que as firmas não deveriam apenas buscar lucro, mas também o bem-estar das pessoas e a conservação do meio ambiente.

Tal mensagem foi facilmente memorizada pelo uso de três vocábulos que em inglês começam pela letra "p": *profit*, *people* e *planet*. E esse bordão dos "três pilares" logo passou a ser chamado de "tripé da sustentabilidade". Não teria ficado nada atraente se seu genial criador — John Elkington — houvesse optado pelo rigor e usado o termo *Earth* em vez de *planet*.

A tremenda mistificação posterior em torno desse "tripé" só ficou patente ao ser extrapolado para o âmbito da sociedade com o conceito das "três dimensões do desenvolvimento sustentável": econômica, social e ambiental.[12] Como se inexistisse, por exemplo, uma dimensão política. Tolice que felizmente foi corrigida pela Agenda 2030, com seus dezessete Objetivos de Desenvolvimento Sustentável (ODS), absolutamente irredutíveis às três confortáveis gavetinhas do discurso corporativo. Em qual delas enfiar o penúltimo, sobre "paz-e-justiça"? Uma das dúvidas que gerou a versão

---

[12] Recentemente John Elkington propôs, nas páginas da *Harvard Business Review*, uma espécie de *recall* de seu célebre slogan, que está fazendo 25 anos em 2019. Ver Elkington (2018).

bem melhorada com cinco "pês": paz, pessoas, planeta, parcerias e prosperidade.

Há, contudo, um problema muito mais grave nesse generalizado uso do termo "planeta" em detrimento da ênfase para "vida". É que também ajuda a eludir uma séria "DR" (discussão de relacionamento) científica: entre a vida e o único lugar até agora conhecido em que ela vingou, a Terra.

Há três proposições bem fundamentadas, das quais a mais conhecida é a Hipótese Gaia, que concebe a Terra como um sistema que se autorregula, e que também é dotado de claro "objetivo": a manutenção do equilíbrio de condições de superfície que sejam as mais favoráveis à vida.

Formulada desde o início dos anos 1970 por James Lovelock e Lynn Margulis (falecida em 2011), tal conjectura teve um desenvolvimento tão conturbado que muitos de seus atuais adeptos talvez nem percebam que podem estar usando alguma das versões que foram ficando obsoletas conforme iam surgindo novas respostas aos argumentos anti-Gaia. É o que mostra o balanço proposto sob os prismas biológico e geológico na coletânea *Gaia: de mito a ciência* (2012).

Já as duas interpretações concorrentes continuam quase desconhecidas (especialmente em português), embora devessem merecer a máxima atenção, em particular dos professores de ciência do ensino médio e dos docentes de cursos universitários em ciências naturais e em sustentabilidade.

A mais chamativa, por também evocar a mitologia grega, foi enunciada pelo paleontólogo Peter Ward, da Universidade de Washington, em Seattle, no livro *The Medea Hypothesis* (2009). Com base no conhecimento sobre cinco extinções em massa, e de indícios sobre outros episódios parecidos que ainda precisam ser mais bem analisados por seus colegas, ele prefere pensar que a vida esteja em permanente e duríssima luta para ultrapassar constantes mudanças do ambiente. Ward coloca, então, de cabeça para baixo a supo-

Sobrevoo

sição de que tudo se autorregule para manter o equilíbrio mais conveniente à vida.

Simultaneamente, também se consolidou um pensamento livre desse finalismo comum às metafóricas hipóteses Gaia e Medeia. Os que descartam a possibilidade de que a relação entre a vida e a Terra envolva algum tipo de finalidade (seja ela harmônica ou beligerante) costumam evocar uma mera "coevolução", sem que possam se valer de algum outro mito que ajude na estratégia de comunicação.

A principal diferença é não haver, nessa terceira perspectiva, qualquer alusão a eventual resultado (*outcome*) da interação entre a vida e o planeta Terra. Nega que tal interação possa ter propósito, seja no sentido de sistema com objetivo equilibrador, ou de enfrentamento em busca de permanência. Talvez por isso mesmo não tenha comparável charme, muito embora seja a mais coerente com o materialismo darwiniano. Essa terceira maneira de enxergar a bola de gude azul foi bem exposta pelo oceanógrafo Toby Tyrrell no livro *On Gaia: A Critical Investigation of the Relationship between Life and Earth* (2013).

O problema do relevo dado à coevolução — a melhor das três atitudes — está em sua incipiência teórica, ou mais precisamente epistemológica, como procuram explicar os próximos dois capítulos. Além disso, ainda hão de coexistir e conviver bastante essas três abordagens. Ao mesmo tempo, permanecerá o temor de que a vida humana esteja prestes a se tornar inexequível no planeta Terra. Então, vale a pena saber um pouco mais sobre o que dizem Lovelock e Ward sobre suas respectivas hipóteses.

Medeia em vez de Gaia[13]

Segundo James Lovelock, todos os organismos, agindo em conjunto, formam um sistema ativo cujo objetivo é manter a Terra habitável. Nos oceanos, algumas algas utilizam o carbono do ar no seu crescimento e liberam outros gases que formam nuvens sobre a atmosfera. As nuvens ajudam a defletir os raios solares. Sem elas, a Terra seria um lugar muito mais quente e seco. Essas algas estão morrendo com o aumento da temperatura dos oceanos, apenas um exemplo de como a capacidade autorreguladora do sistema estaria sendo rompida.

Por essa hipótese, qualquer organismo que afeta o ambiente de maneira negativa acabará por ser eliminado. Como o aquecimento global foi provocado pelo homem, poderemos ser extintos. Mas a Terra vai se recuperar.

Há 55 milhões de anos houve um evento muito parecido com o que está acontecendo agora, uma emissão acidental de quantidade de dióxido de carbono equivalente à que está sendo hoje produzida pela ação humana. A temperatura da Terra subiu 8 graus nas regiões temperadas e 5 graus nos trópicos. Os seres vivos migraram para as regiões polares e ficaram centenas de milhares de anos por lá. Quando a temperatura global voltou a cair, migraram de volta. O sistema Gaia, portanto, não está ameaçado, mas vai levar duzentos mil anos para voltar a ser como é. Para nós, humanos, isso é muito tempo.

Nada disso, responde Peter Ward: a "mãe natureza" é muito cruel. A história do planeta mostra que a vida está

---

[13] Este tópico sintetiza duas entrevistas à revista *Veja*: de James Lovelock a Diogo Schelp, em 21 de outubro de 2006, e de Peter Ward a Carlos Graieb, em 1º de fevereiro de 2010.

Sobrevoo

sempre conspirando contra si própria, no caminho da auto-destruição. Ao contrário do que propõe a popular Hipótese Gaia, a mãe natureza não cuidará de nós eternamente se apenas voltarmos ao seu seio.

A rigor, a Hipótese Gaia tem duas versões. Uma diz que os seres vivos colaboram entre si para manter as condições ambientais dentro de parâmetros compatíveis com a manutenção da vida. A outra, mais radical, afirma que os organismos não apenas estão programados para manter os padrões de "habitabilidade" da Terra como ainda conseguiriam melhorar a química da atmosfera e dos oceanos.

Essas duas versões da Hipótese Gaia estão totalmente erradas, protesta Ward. Tomados em conjunto, os organismos existentes na Terra interagem com o ambiente de tal maneira que, a longo prazo, a vida tende a desaparecer. A natureza se comporta como Medeia, a mãe impiedosa que mata os próprios filhos.

A vida é inimiga da vida devido a um efeito colateral do processo de evolução. As espécies mudam bastante, mas a biosfera não. A cada etapa evolutiva, parte das espécies vão, individualmente, aprimorando as características que permitem a cada uma triunfar no jogo da sobrevivência. Com frequência isso também significa desenvolver armas letais para outras espécies.

Se a Hipótese Gaia estivesse correta, alguns fenômenos comprobatórios já teriam sido observados. O contínuo aumento da diversidade das formas de vida bem como da biomassa (o volume total de organismos vivos) seria um formidável indicador empírico da validade de Gaia. Seria um resultado consistente com a ideia de que, ao longo do tempo, as condições do planeta vão ficando mais acolhedoras para os seres vivos.

Mas não é o que se observa. Os modelos mais recentes indicam que a biomassa atingiu seu ápice em algum ponto entre 1 bilhão e 300 milhões de anos atrás, se reduzindo desde então. Quanto à biodiversidade, no melhor dos casos, ela se manteve estável nos últimos 300 milhões de anos.

Os episódios de extinção em massa registrados no passado geológico do planeta são uma dessas evidências. Quando falamos nesses episódios catastróficos, as pessoas logo pensam nos dinossauros e lembram que o seu desaparecimento está ligado ao choque de um grande asteroide. Isso dá a falsa impressão de que desastres com causas externas seriam o principal risco para a nossa biosfera. O caso dos dinossauros, no entanto, é uma exceção em meio a um grande número de episódios nos quais mudanças conduzidas pelos próprios seres vivos acarretaram reduções dramáticas na biomassa.

O exemplo preferido de Ward é o da grande extinção no último Período da Era Paleozoica — o Permiano tardio —, cerca de 250 milhões de anos atrás, quando pereceram 90% das espécies marinhas e 70% do total da biota. Por algum tempo acreditou-se que essa extinção também estava relacionada à queda de um asteroide. Hoje tal suposição está quase abandonada. Emergiu com força teoria que aponta bactérias como as assassinas responsáveis por essa hecatombe.

Há um grupo de bactérias que produz, como resultado de seu metabolismo, uma substância altamente tóxica, o gás sulfídrico (H_2S). Ele é mortífero para plantas e animais até mesmo em baixas concentrações. Estudos recentes mostram, de maneira bastante robusta, que no Permiano tardio esse tipo de micróbio proliferou de maneira incomum, a tal ponto que o gás sulfídrico que ele produz não apenas envenenou os oceanos como ainda entrou na atmosfera. A consequência disso foi a aniquilação de seres vivos em todo o planeta. São bem conhecidas diversas ocasiões em que esse processo se repetiu no passado, ainda que em escala menor do que nas chamadas cinco extinções.

No caso do Permiano, foram gigantescos volumes de magma lançados por vulcões nos mares e na terra por milhares de anos. Esse processo potencializou o efeito estufa, aquecendo em demasia a superfície do planeta, e praticamente eliminou o oxigênio livre nas águas dos oceanos, favorecendo a multiplicação descontrolada das bactérias anaeróbicas assassinas.

TERRA INÓSPITA?

Além do enfrentamento Lovelock *versus* Ward, não podemos deixar de lembrar a recente morte do físico teórico Stephen Hawking, em 14 de março de 2018. A cobertura das mídias globais certamente estimulou muita gente a pensar em suas intrigantes especulações cosmológicas sobre buracos negros, gravidade quântica e singularidade. Só que a mais pungente de suas convicções não mereceu tanta atenção: a urgência de que a humanidade migre para outro planeta, já que a Terra estaria prestes a se tornar inóspita. Em maio de 2017 Hawking disse que tal mudança precisaria começar nos próximos cem anos. Um mês depois, na Noruega, reduziu essa previsão para apenas trinta.

Mesmo que fosse possível descobrir algum outro astro pronto a ser colonizado em tão pouco tempo, não faria sentido levar a sério tão tenebrosa profecia antes de compará-la às de outros cientistas que também arriscaram avaliações sobre as perspectivas temporais da humanidade na Terra. Um ótimo exemplo está na narrativa de um de seus mais notáveis colegas, o também eminente astrofísico britânico *Sir* Martin Rees.

Em 2003 Rees tentou explicar no livro *Our Final Hour* por que não passaria de 50% a esperança de continuarmos até 2100 neste planeta. Disse essencialmente que já tivemos muita sorte em sobreviver à "Era Atômica", iniciada em 16 de julho de 1945. E que daqui em diante novos dilemas e ameaças virão de progressos científicos em outras áreas, principalmente as da biologia e da computação.

É muito duvidoso, contudo, que tiradas desse tipo possam ser persuasivas, mesmo quando prudentemente formuladas em termos probabilísticos. Se a muitos parece surreal até o prognóstico de que a humanidade estará extinta bem antes que o Sol se apague — daqui a uns 5 bilhões de anos —, por que aceitariam, então, o vaticínio de Rees segundo a qual neste século estaríamos jogando cara ou coroa, ou o ultimato de Hawking de poucas décadas para acharmos outro planeta habitável?

Quem quiser encontrar conjecturas bem mais razoáveis e convincentes sobre esse problema deve pôr esses cosmólogos em banho-maria e dar mais atenção ao que está no centro das preocupações deste livro: os trinta ou quarenta anos de investigações sobre o que se convencionou chamar de "Sistema Terra".

Desde meados do século passado, conforme caducava a separação entre geosfera e biosfera, muitos pesquisadores das ciências naturais foram preferindo usar o termo "sistema", no sentido de conjunto de entidades unidas por alguma forma de interação regular ou interdependência. Visão que começou a amadurecer na segunda metade dos anos 1980, quando a NASA promoveu simpósios com o propósito de consolidá-la. Foi nesse contexto que surgiu o "Diagrama de Bretherton", concebido pelo matemático Francis Patton Bretherton (Universidade de Wisconsin), marco inicial de imenso esforço científico (ver Figura 2).[14]

Entre 1987 e 2015 o desafio foi levado adiante pelo IGBP (International Geosphere-Biosphere Program), e a par-

---

[14] Cf. <http://www.zeeli.pro.br/5201>.

tir de 2002 também pela ESSP (Earth System Science Partnership), que no final de 2012 se tornou a organização Future Earth (www.futureearth.org). Hoje, ao menos dois periódicos científicos são inteiramente consagrados a essa temática: *Earth System Dynamics* e *Earth's Future*.

Foi assim que os mais avançados estudos sobre a biofísica reguladora da Terra identificaram uma dezena de graves ameaças. E concluíram que duas dessas "fronteiras planetárias" — a mudança climática e a integridade da biota — já têm potencial de empurrar o sistema a um novo estado. Bastará que uma das duas continue a ser "substancialmente e persistentemente transgredida" para que comprometa a "resiliência sistêmica" que prevaleceu ao longo dos mais de onze milênios anteriores à virada do Holoceno ao Antropoceno.

Certamente não é por acaso que são justamente essas duas fronteiras as que desde 1992 mais têm sido objeto de complexos esforços de cooperação internacional. Mesmo que ainda não tenham produzido os desejáveis resultados políticos, foram as convenções do Clima e da Biodiversidade que engendraram dois oportunos painéis científicos intergovernamentais, IPCC[15] e IPBES.[16] Junto ao bem anterior arranjo sobre a questão nuclear — baseado na Agência Internacional de Energia Atômica (AIEA),[17] criada em 1957, e ao Tratado de Não Proliferação de Armas Nucleares (TNP, 1968)[18] — formam o mais estratégico tripé da governança mundial voltada a contrariar — e, tomara, desmentir — julgamentos e prognósticos tão sombrios quanto os de Rees e de Hawking.

[15] Painel Intergovernamental sobre Mudanças Climáticas: <http://www.ipcc.ch/>.

[16] Plataforma Intergovernamental sobre Biodiversidade e Serviços Ecossistêmicos: <https://www.ipbes.net/>.

[17] Cf. <https://www.iaea.org/>.

[18] Cf. <https://www.un.org/disarmament/wmd/nuclear/npt/>.

Figura 2
Diagrama de Bretherton

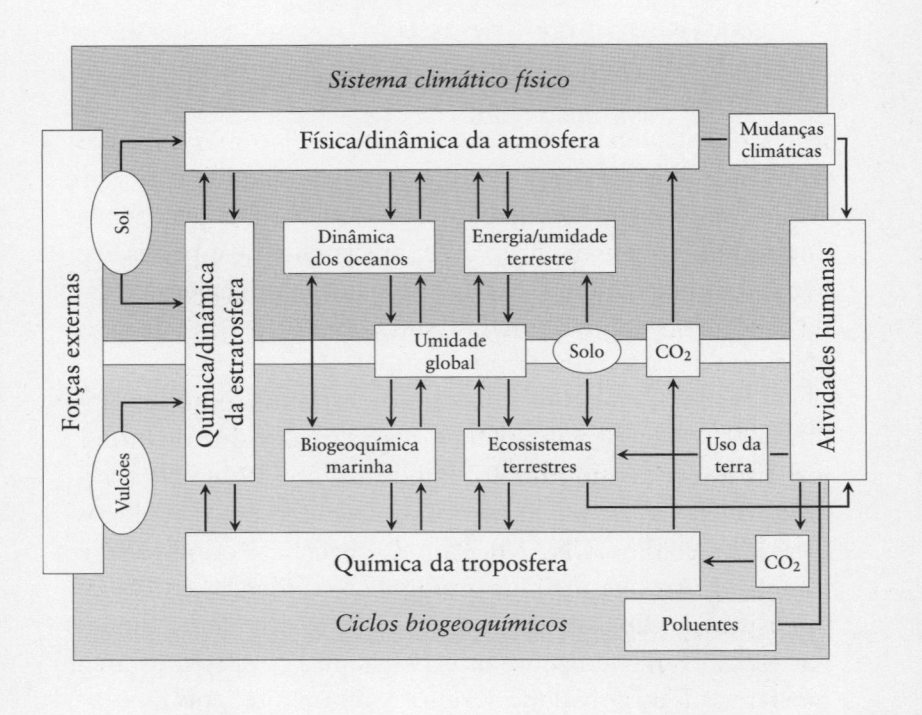

Todavia, é claro que há nisso tudo um seríssimo par de incertezas. Por um lado, nada garante que esse tripé possa de fato evitar alguma cataclísmica desestabilização do Sistema Terra, seja causada por uso de arsenais nucleares, excessivo aquecimento global e/ou abrupta degradação ecossistêmica. Por outro, há mais uma meia dúzia de fronteiras planetárias que hoje parecem menos perigosas, mas que podem não ter sido suficientemente estudadas. Assim como também precisam ser melhor entendidas as interações entre várias dessas fronteiras. Um ótimo exemplo está no grande debate sobre a biodiversidade.

Capacidade de suporte

Pode-se pensar que a devastação biológica em curso venha sendo subestimada justamente por quem melhor monitora a erosão global da biodiversidade. A própria IUCN (International Union for the Conservation of Nature) pode estar cultivando ilusões sobre a real velocidade daquilo que vem sendo chamado de "sexta extinção em massa" da história da Terra, pois só dá atenção ao desaparecimento de espécies, em vez de também contabilizar as quedas das populações de cada espécie vegetal e animal, assim como a míngua de suas abrangências geográficas.

Essa foi a mensagem de um artigo científico que em julho de 2017 mereceu manchetes e editoriais dos melhores jornais e revistas do mundo. Publicado nos *PNAS* (*Proceedings of the National Academy of Sciences*) pelos ecólogos Gerardo Ceballos (UNAM), Paul R. Ehrlich e Rodolfo Dirzo (Stanford), trouxe mais uma eloquente evidência da brutal intensificação dos efeitos negativos que as atividades humanas estão exercendo sobre os ecossistemas que estruturam a biosfera.[19] E de gravidade realmente alarmante, pois tais impactos vêm provocando atrofia de muitos dos serviços prestados pela natureza às mais elementares e essenciais necessidades humanas.

É o caso de se perguntar quantas sirenes do gênero precisarão ser acionadas para que o alerta seja ouvido. Mais: se e quando isso acontecer, ainda haverá tempo para significativa mudança de rumo? Dupla interrogação para a qual rivalizam duas respostas.

---

[19] "Biological Annihilation Via the Ongoing Sixth Mass Extinction Signaled by Vertebrate Population Losses and Declines", *PNAS* (*Proceedings of the National Academy of Sciences*), 1704949114, jul. 2017, pp. 1-8.

A mais frequente — talvez até dominante entre pesquisadores das ciências naturais — foi repetida com muita ênfase na conclusão do citado artigo do trio Ceballos-Ehrlich-Dirzo: prazo máximo de duas ou três décadas para uma ação que tenha chances de vir a ser determinante. Perspectiva que não poderia ser mais lúgubre para o futuro de todas as formas de vida.

Os pesquisadores das Humanidades que mais compartilham tal avaliação tentam explicitar o que deveria ser, então, a indispensável "ação efetiva". Dizem que só se poderia evitar o pior com a superação do atual antropocentrismo e, sobretudo, do apego ao crescimento econômico, tachado de "fetichista". Sem isso não seria reduzida a insana escalada da interferência antrópica no que chamam de "Sistema Terra". Tese exposta com veemência pelo já citado Clive Hamilton, professor de ética pública da Charles Sturt University, de Canberra, especialmente em seu livro de 2017: *Defiant Earth: The Fate of Humans in the Anthropocene*.

Esse modo de ver o problema equivale, na prática, a prognosticar breve derrocada das civilizações atuais, já que nenhuma delas poderá, no horizonte sensível, se livrar do antropocentrismo e buscar prosperidade sem crescimento. Por esse prisma, só se poderia mesmo contar com o início de algum tipo de armagedom em meados deste século.

Todavia, nem todos os cientistas naturais concordam com a tenebrosa visão de que a humanidade só dispõe de três decênios para que essa "ação efetiva" venha a contrariar a degradação ambiental em andamento. Mesmo admitindo que tal retórica tenha base científica — e enaltecendo sua ajuda em realçar a absurda perda de biodiversidade —, ponderam que também é demasiadamente sinistra e depressiva. Pior: "alienante e desempoderadora".

Por acharem a preleção catastrofista incapaz de motivar justamente os segmentos sociais que talvez possam ir além e "fazer a diferença", esses outros ecólogos se voltam à encorajadora e bem concreta proposta lançada pelo decano Edward O. Wilson (Harvard), no livro *Half-Earth: Our Planet's Fight for Life* (2016): proteger e restaurar metade da superfície terrestre.

Na verdade, há entre os ecólogos profunda divergência sobre o problema demográfico. Os discípulos e seguidores de Paul R. Ehrlich são acusados de malthusianismo pelos que contestam o pressuposto de que seja fixa a chamada "capacidade de suporte" da Terra, controvérsia que mais adiante será apresentada de forma mais circunstanciada.

Do lado das ciências humanas, os pesquisadores mais avessos ao catastrofismo analisam a evolução das relações internacionais com o intuito de avaliar a probabilidade de que se engendre uma razoável governança mundial da sustentabilidade.

Algo que está muito longe de ocorrer, claro, porque os avanços institucionais da governança ambiental, promovidos desde 1972, essencialmente no âmbito das Nações Unidas, continuam muito distantes e desconectados da governança do desenvolvimento, bem mais antiga e dominada pelas organizações de Bretton Woods (BIRD, FMI, OMC) e OCDE.[20]

Nesta visão alternativa, a pior incerteza dos próximos dois ou três decênios recai muito mais sobre eventual conflagração com uso de armas nucleares do que sobre os impactos de trapalhadas com o clima, com a biodiversidade terrestre e oceânica, ou com os ciclos biogeoquímicos, principalmente o do nitrogênio.

O dilema é terrível, portanto, pois não há como saber se estão mesmo equivocados os que anteveem um início de apocalipse em meados do século. Será que não estariam ce-

---

[20] Questão analisada em Veiga (2013).

gos os seguidores de Prometeu que apostam todas as fichas na singular capacidade de adaptação da espécie humana?

Mas há uma variável que parece ser igualmente decisiva para os dois lados, mesmo que por enquanto mal possa ser avistada: uma democracia que se torne cada vez mais cosmopolita, em vez do deplorável fortalecimento das soberanias nacionais. É o que talvez possa impedir que os piores componentes dos dois cenários não demorem para se combinar: um brusco inverno nuclear que acelere exponencialmente a destruição ecossistêmica.

Entre abatimento e esperança

De fato, sobram motivos de abatimento para quem pensa no amanhã do processo civilizador, mesmo que também não faltem razões para iluminista otimismo. Contraste que força pessoas sérias e bem informadas a tensa ciclotimia entre angustiantes niilismos e firmes esperanças. Os que consideram irresponsabilidade infantil qualquer inclinação positiva — como a jornalista Eliane Brum (2018a) — também são os que aplaudem com entusiasmo a confiança dos engajados em causas humanitárias socioambientais (Brum, 2018b).

Quem estiver em momento *down* só piorará se ficar sabendo que a poluição do ar já prejudica 90% da população mundial, tendo se tornado uma das principais causas de mortes prematuras. Em países emergentes chega em terceiro, à frente do cigarro, só atrás dos alimentos e dos riscos metabólicos (diabetes, colesterol e hipertensão). Raras são as cidades com ar pouco poluído.

A falta de acesso a água potável, que atinge 36% dos habitantes da África, só se agravou entre 1990 e 2014, período em que dobrou o número de suas crianças obesas. Nem chega aos cinquenta anos a esperança de vida em alguns países desse continente. Mas concentram-se na Ásia metade dos que ficam gordos antes dos cinco anos de idade, doença que entre adultos já atinge mais de 50% das mulheres e 38% dos homens da Polinésia e Micronésia.

E o lixo? O mundo já está saturado com bilhões de toneladas anuais de detritos, dos quais grande parte vai diretamente para os oceanos, drama sobre o qual mesmo sociedades bem avançadas dão péssimo exemplo. Basta dizer que cada habitante dos Estados Unidos já produz mais de setecentos quilos de lixo por ano.

A transição das energias fósseis às renováveis continua lenta demais, mesmo que a partir de 2013 o número das novas instalações verdes tenha ultrapassado o das novas marrons. Estão longe de ser banidos os subsídios às energias que mais emitem carbono e as matrizes dos sistemas de transportes permanecem imundas, além de não atenderem às necessidades dos usuários. A excelência de infraestruturas como as da Alemanha, Cingapura e Holanda são prêmios de consolação insuficientes para amenizar esse balanço.

Pior: nada disso parece superar a desgraça que é a erosão da biodiversidade. Os territórios vitais para animais vertebrados, plantas e insetos diminuiriam 8%, 16% e 18% respectivamente, mesmo no cobiçado, mas bem duvidoso, cenário de 2 graus centígrados de aquecimento global. E quase um terço das áreas naturais protegidas estão sob forte ameaça das novas pressões das atividades humanas.

Porém, a desolação imposta por esses dados é amenizada por duas boas notícias. Uns vinte sinais encorajadores estão no relatório *Modes de vie et pratiques environnementales des Français*, do Comissariado Geral do Desenvolvimento Sustentável, órgão do Ministério da Transição Ecológica e Solidária (França, 2018). Há algumas décadas, quem poderia prever que a triagem de vidros, papéis e embalagens estaria sendo feita regularmente por 85% dos habitantes da França?

Que 81% deles estariam sistematicamente apagando a luz ao deixar um cômodo? Que mais de 40% estariam evitando o uso do carro individual, e quase 40% dispostos a pagar mais por energia menos suja?

Mais: as ações globais exigidas pela meta climática dos 2 graus centígrados deixariam um saldo líquido de 18 milhões de empregos, pois criariam 24 milhões de novos postos de trabalho, com a destruição simultânea de 6 milhões. Essa troca só não seria francamente favorável no Oriente Médio e na África, devido à alta predominância de atividades extrativas — petróleo, gás e mineração — em seus sistemas econômicos. No Brasil, por exemplo, elas só representam 15% do PIB.

Além disso, ao menos três livros recentes são capazes de deixar eufórico até quem estiver em fase *up* de sua ciclotimia. Os dois últimos do psicólogo norte-americano Steven Pinker (2011 e 2018) e o do historiador sueco Johan Norberg (2018) mostram que a humanidade está melhor do que nunca: o período atual é o mais pacífico e próspero da história; por toda parte as pessoas estão mais ricas, gozam de mais saúde, são mais livres, têm mais educação, estão mais pacíficas e desfrutam de menor desigualdade social. Panorama comunicado com excelência pelo falecido médico e estatístico, também sueco, Hans Rosling, em TED de 2006 que foi traduzido em 48 línguas e já teve mais de 13 milhões de visualizações.[21]

O problema, contudo, é que a dúvida recai sobre a durabilidade dessa epopeia. Por isso, a chave para superar o dilema entre inclinações negativas e positivas talvez esteja no livro O *tempo das catástrofes: quando o impossível é uma certeza*, de Jean-Pierre Dupuy (2011 [2009]). Rejeita a ideia

---

[21] Ver <https://www.ted.com/talks/hans_rosling_shows_the_best_stats_you_ve_ever_seen>. De Hans Rosling (1948-2017), ver também seu recente livro póstumo: Rosling *et al.* (2018).

Sobrevoo

de futuro apocalíptico, mas propõe que se faça como se o destino fosse a catástrofe, de modo a conseguir que os piores cenários passem a ser levados mais a sério, o que poderá contribuir para que desastres sejam evitados. Especialmente o de uma guerra nuclear.

ADVERTÊNCIAS

Tanta incerteza faz com que a comunidade científica lance graves alertas, semelhantes à moção que foi submetida em 1992 à Conferência do Rio por mais de 1,5 mil pesquisadores, entre os quais a maioria dos prêmios Nobel que ainda estavam vivos. Em outubro de 2017, um grupo de pesquisadores da Universidade do Oregon — com apoio da Union of Concerned Scientists (UCS)[22] — lançou uma espécie de segunda versão desse manifesto, que deu origem a uma grande articulação intitulada Alliance of World Scientists. Em poucos meses esse documento, intitulado *World Scientists' Warning to Humanity: A Second Notice*, obteve mais de 15 mil assinaturas, que agora ultrapassam 20 mil.[23]

Um dos méritos dessa nova advertência é ressaltar as conquistas do último quarto de século. Além da exitosa governança global que reduziu o "buraco" na camada de ozônio, esse texto louva mais três avanços que ainda não aparecem com tanta nitidez nas estatísticas: rápidas quedas das taxas de fertilidade onde foram feitos sérios investimentos em educação de mulheres (especialmente de meninas); reduções de taxas de desmatamento regionais; e vigorosa expansão das novas energias renováveis.

[22] Cf. <https://www.ucsusa.org/>.
[23] Cf. <http://scientistswarning.forestry.oregonstate.edu/>.

Ótimas notícias, sem dúvida alguma. Mas bem acanhadas diante dos dezessete Objetivos de Desenvolvimento Sustentável (ODS) pactuados na Agenda 2030, inexplicavelmente omitidos por esse projeto. Seus redatores preferiram destacar a dúzia de passos que veem como os mais decisivos para uma transição à sustentabilidade:

1) Dar prioridade à construção de uma rede de reservas que proteja boa proporção dos habitats terrestres, marinhos e aéreos; 2) estancar a conversão de florestas e campos naturais; 3) restaurar regiões com espécies nativas, particularmente com superpredadores; 4) remediar o extermínio da fauna; 5) diminuir o desperdício de alimentos; 6) promover dietas com predomínio de vegetais; 7) reduzir ainda mais as taxas de fertilidade via educação e planejamento familiar voluntário; 8) promover a educação ao ar livre; 9) incentivar aplicações financeiras que encorajem mudanças ambientais positivas; 10) estimular tecnologias verdes e adotar massivamente as novas energias renováveis, com eliminação dos subsídios às fósseis; 11) garantir que os preços, tributos e incentivos incorporem os custos ambientais ditados pelos atuais padrões de consumo; 12) adotar meta populacional de longo prazo que seja cientificamente defensável.

Leitura atenta dessa dúzia de "passos" sugere predileção por uma tese bem contestável e que incomoda boa parte dos cientistas: a da superpopulação humana como causa essencial da degradação da biosfera, combinada à clara subestimação do dramático problema do aquecimento global. Algo que se confirma em consulta à mais relevante das parcas quatro referências bibliográficas: uma resenha lamentando que a primazia à questão climática reduza a relevância atribuída à demográfica, ao desviar a atenção para o consumismo nos países desenvolvidos (Crist *et al.*, 2017).

É bem provável que essa linha neomalthusiana explique o forte contraste entre a quantidade e a qualidade das adesões ao abaixo-assinado. E a base dessa divergência é a séria controvérsia científica sobre o que se convencionou chamar de "capacidade de suporte" (*carrying capacity*) de um ecossistema e, por extensão, da biosfera. Um bom exemplo está no artigo "Overpopulation Is Not the Problem", publicado pelo ecólogo Erle C. Ellis, da Universidade de Maryland, no *The New York Times* de 13 de setembro de 2013.

Ellis conta que no início de sua carreira de pesquisador seguia seus mestres, que apontavam o aumento populacional como a grande ameaça contra as escolhas disponíveis para as futuras gerações, mas que foi perdendo essa convicção conforme se inteirava dos trabalhos de arqueólogos, geógrafos, historiadores ambientais e economistas agrícolas. E termina enfatizando que "a ciência da sustentabilidade é inerentemente uma ciência social. Nem a física nem a química, ou mesmo a biologia, são adequadas para entender como foi possível que uma espécie tenha remodelado tanto o seu próprio futuro, assim como o destino de um planeta inteiro".

Outro exemplo, na mesma linha, foi publicado pelo periódico digital *Aeon* em 5 de julho (e também em 23 de agosto) de 2018. O autor, Ted Nordhaus, principal diretor do ecomodernista The Breakthrough Institute, também combate a tese de que seja fixa a capacidade da Terra em abrigar os humanos, como supõem os pesquisadores do Oregon que redigiram o já citado *World Scientists' Warning to Humanity: A Second Notice*. Mas seu principal alvo é um trabalho publicado poucos meses antes na segunda edição da nova revista mensal *Nature Sustainability* por um grupo multidisciplinar de jovens professores da School of Earth and Environment, da Universidade de Leeds (O'Neill *et al.*, 2018).

Tendo por referência essencial a já destacada ideia de Raworth, de um "espaço seguro e justo para a humanidade", os sofisticados cálculos desse grupo de Leeds resultaram em duas graves conclusões: os dezessete Objetivos de Desenvolvimento Sustentável (ODS) da Agenda 2030 precisam ser revistos para que se adaptem ao ideal de desenvolvimento sem crescimento; a Terra não pode suportar mais do que 7 bilhões de humanos, muito embora esteja aguentando mais de 7,6 bilhões.

A crítica de Nordhaus (2018) não é sobre a qualidade dos cálculos, mas sobre o pressuposto de que a "capacidade de suporte" seja algo fixo. Começa lembrando que essa é uma noção que nasceu na engenharia naval para calcular o potencial de carga útil de navios a vapor. No final do século XIX começou a ser usada para estimar o número de animais que podem ser criados em determinada área de pasto, ou o que hoje é mais comumente chamado de Taxa de Lotação. E aí contesta que essa seja uma noção razoável para a Ecologia, ao contrário do que acharam notadamente William Vogt, na década de 1940, e Paul R. Ehrlich, a partir dos anos 1960.

Vogt, Ehrlich e seu seguidores compartilham a visão neomalthusiana da fertilidade e do consumo humano. Como o reverendo Thomas Robert Malthus no século XVIII, imaginam que, em resposta à abundância, os humanos só saberiam responder com mais: mais crianças e mais consumo. Nas palavras de Nordhaus (2018), acham que, como protozoários ou moscas da fruta, continuamos proliferando e consumindo até que os recursos que permitem tal crescimento contínuo sejam esgotados.

No entanto, a fertilidade e o consumo humano não funcionam assim. A riqueza e a modernização trazem a queda, não o aumento das taxas de fertilidade. Assim que as circunstâncias materiais melhoram, temos menos filhos, não mais. A explosão da população humana nos últimos duzentos anos não foi resultado do aumento das taxas de fertilidade, mas sim da queda das taxas de mortalidade. Com melhor saúde pública, nutrição, infraestrutura física e segurança pública, vivemos muito mais tempo.

Não é essa profunda divergência entre os ecólogos que está no centro dos debates científicos que serão esmiuçados a seguir, mas ela certamente tem mais influência prática imediata que as diferenças entre os pesquisadores do "Sistema Terra". De resto, não pode haver melhor transição deste sobrevoo para o que vem adiante do que os vídeos que registraram duas conversas realizadas em abril de 2018 no Instituto de Estudos Avançados da Universidade de São Paulo (IEA-USP): uma sobre o Antropoceno[24] e outra sobre o Sistema Terra.[25]

[24] Cf. <http://www.iea.usp.br/midiateca/foto/eventos-2018/conversa--sobre-o-antropoceno-24-de-abril-de-2018/sonia-maria-barros-de-oliveira--jose-eli-da-veiga-e-reinaldo-jose-lopes/view>.

[25] Cf. <http://www.iea.usp.br/midiateca/video/videos-2018/conversa--sobre-o-sistema-terra>.

2.
ZOOM

O Antropoceno foi inicialmente associado apenas à Revolução Industrial. Paul Crutzen achou que atribuir uma data específica ao início da nova Época seria arbitrariedade. Por isso, no artigo original, em coautoria com Eugene Stoermer, sugeriu que a referência fosse toda a última parte do século XVIII. Embora ciente de que surgiriam propostas alternativas, a dupla escolheu esse período porque os efeitos globais das atividades humanas só se tornaram claramente perceptíveis nos últimos dois séculos.[26]

O primeiro critério do químico Crutzen foi o início do mais recente aumento das concentrações atmosféricas de vários gases de efeito estufa, em particular CO_2 e CH_4, o que logo alterara a ecologia da maioria dos lagos, a expertise do biólogo Stoermer. De resto, foi o período da introdução do motor a vapor, que James Watt inventara em 1784 (ver Crutzen e Stoermer, 2000: 17).

Não foi diferente a ideia apresentada dois anos depois no artigo que mais deu visibilidade à questão, assinado apenas por Crutzen na revista *Nature*. Ressalta que análises de

---

[26] A ideia inicial de Crutzen continuou influente por muitos anos, como mostra, por exemplo, o livro de 2014 de Naomi Oreskes (*The Collapse of Western Civilization*), notável professora de história das ciências em Harvard, obra escrita com Erik M. Conway (ver também, da mesma dupla, *The Merchants of Doubt*, de 2010).

gelo polar mostraram o início de crescentes concentrações globais de dióxido de carbono e metano no final do século XVIII, logo após o surgimento da máquina a vapor (Crutzen, 2002: 23).

Mais tarde, todo o período chamado de "era industrial" — de 1800 a 1945 — passou a ser considerado apenas como um *primeiro estágio* do Antropoceno, e bem maior importância passou a ser atribuída a um segundo estágio, marcado pela "Grande Aceleração", que teve início em 1945. Essa foi a ainda hesitante mudança introduzida em artigo de 2007 na revista *Ambio*, "The Anthropocene: Are Humans Now Overwhelming the Great Forces of Nature?", que resultou de crucial colaboração da dupla Crutzen/Will Steffen com o grande historiador ambiental J. R. McNeill (Steffen *et al.*, 2007).

Os historiadores do meio ambiente nunca tiveram dúvida de que a mais séria ruptura ocorrera em meados do século XX. Ótima recapitulação dessa certeza foi oferecida sete anos depois no livro *The Great Acceleration*, que J. R. McNeill publicou com seu colega Peter Engelke. Quase todas as páginas evidenciam que o período pós-1945 foi muito diferente de tudo o que houve antes na história ambiental. A partir de 1945 dispararam os impactos humanos sobre a ecologia global (McNeill e Engelke, 2014: 208).

Com clima bem menos estável, a Terra está em novo rumo, nunca antes experimentado. Por isso, tanto o pensamento quanto as instituições precisam evoluir em direções mais compatíveis com o Antropoceno. Como não há jeito de contorná-lo, de uma forma ou de outra os humanos terão que a ele se ajustar (McNeill e Engelke, 2014: 211).

O problema, contudo, é que essa questão histórica precisa de confirmação geológica.[27] E, no âmbito das geociên-

---

[27] Mesmo que outras ciências naturais não a acatem, como bem ex-

cias, somente em 2008 ela começou a ser enfrentada, quando a Comissão Estratigráfica da Sociedade Geológica de Londres decidiu, por larga maioria, haver mérito em se considerar a possibilidade de formalização do Antropoceno.

A justificativa está em texto logo depois publicado na revista *GSA Today* por duas dezenas de pesquisadores britânicos, liderados pela dupla Jan Zalasiewicz e Mark Williams, ambos do Departamento de Geologia da Universidade de Leicester. Segundo o grupo pioneiro, em 2008 já existiriam evidências estratigráficas da mudança suficientes para que a nova Época geológica passasse a ser considerada e internacionalmente discutida com vistas à sua formalização. A base do Antropoceno poderia ser definida tanto por algum marcador em sedimentos ou núcleos de gelo, como simplesmente por uma data (Zalasiewicz *et al.*, 2008: 7).

Mais precisamente, o limiar (*boundary*) poderia ser definido pelos locais da Seção Global Estratigráfica e do Ponto (GSSP/*golden spike*), ou pela adoção de um determinado ano do calendário gregoriano. A formalização de tal limite dependeria, claro, de sua utilidade, particularmente para pesquisadores das geociências que estudam as fases mais tardias do Holoceno (Zalasiewicz *et al.*, 2008: 4).

Não demorou para ser criado o Grupo de Trabalho sobre o Antropoceno: Working Group on the Anthropocene (WGA), muitas vezes também chamado de Anthropocene Working Group (AWG). Ficou subordinado à Subcomissão de Estratigrafia Quaternária, parte da Comissão Internacional sobre Estratigrafia, que por sua vez responde diretamente à União Internacional de Ciências Geológicas (IUGS).

plica a seção "The Historical Perspective: The Case for an Early Anthropocene", do artigo de Yadvinder Malhi, "The Concept of the Anthropocene", publicado na *Annual Review of Environment and Resources*, 2017, 25.12-25.16.

Todas essas instâncias precisam ser convencidas da necessidade de inclusão formal do Antropoceno na venerada Escala do Tempo Geológico, e optar por uma formulação amplamente aceitável. O que só pode advir de anos de trabalho com resultado bem incerto, pois a Escala do Tempo Geológico nunca será facilmente alterada, já que os geólogos a consideram o pilar comum de suas pesquisas (Zalasiewicz *et al.*, 2010: 2228).

O "PONTO DE MUTAÇÃO"

Muitas informações sobre o notável Grupo de Trabalho (WGA ou AWG) estão disponíveis em seu website.[28] Mas nada parece mais importante do que os trabalhos publicados em 2017 e 2018 por dois de seus subgrupos, liderados respectivamente pelo presidente e secretário: Zalasiewicz *et al.* (2017) e Waters *et al.* (2018).

Comunicam que o AWG analisou o conceito do Antropoceno em termos estratigráficos, considerando uma gama suficientemente ampla de evidências para permitir conclusões preliminares e recomendações. Concluem que o Antropoceno representa uma mudança de processos geológicos claramente refletidas nas características estratigráficas. Os depósitos antropocênicos são consideráveis, geologicamente "reais" e, em vários aspectos, inéditos na escala da história da Terra.

Como tais mudanças mostram que o Antropoceno proposto é bem diferente do Holoceno, ele deve passar a ser uma nova unidade de tempo geológico. É bem incerta a tra-

---

[28] Subcommission on Quaternary Stratigraphy, <https://quaternary.stratigraphy.org/workinggroups/anthropocene/>.

jetória futura dessa nova Época, pois dependerá de imprevisíveis mudanças no Sistema Terra. Parece bem provável, contudo, que os humanos não apenas continuem a ser coletivamente o principal agente geológico, mas que os impactos de suas atividades se ampliem por efeitos de feedback, como o de mudanças do coeficiente de reflexão (albedo) em regiões polares.

Então, o Grupo de Trabalho (GT) decidiu buscar uma proposta de formalização do Antropoceno mediante um GSSP (Global Boundary Stratotype Section and Point) que se situe em meados do século XX. O momento da primeira aparição de claro sinal sincrônico da influência dos seres humanos nos principais processos físicos, químicos e biológicos em escala planetária. Como tal, contrasta com várias inscrições locais ou diacrônicas das influências humanas no registro estratigráfico do Holoceno.

O GT também começou a identificar potenciais GSSPs, analisando os ambientes gerais em que são encontradas as melhores combinações de sinais estratigráficos: sedimentos lacustres ou marinhos, turfa, esqueletos de corais, neve polar ou camadas de gelo, depósitos em cavernas (espeleotemas), anéis de árvores, e assim por diante. Esses exames é que levam à seleção dos pontos para posterior amostragem e análise, capazes de fornecer descrições completas dos sinais relevantes.

Um processo que — no jargão geológico do GT — permite identificar "estratótipos": camadas de material sedimentar candidatas a se tornarem mundialmente representativas do intervalo de tempo considerado. Seja qual for o sinal escolhido, o marcador primário precisará ser bem expresso na seção do estratótipo para identificar o melhor nível para o GSSP. O próprio GSSP, se aprovado, definirá a base da Série/Época do Antropoceno. Marcadores secundários também precisam ser identificados dentro das seções candidatas para

Zoom

61

auxiliarem no reconhecimento em outro lugar do evento primário, ampliando a gama de paleoambientes disponíveis para correlação com o GSSP e estratótipos auxiliares.

Os resultados respaldam a preparação de uma proposta formal de definição do início mais preciso do Antropoceno. Se endossada, a proposta será submetida aos representantes oficiais da comunidade das geociências para votação adicional. Um voto favorável terá então de ser ratificado pelo Comitê Executivo da União Internacional de Ciências Geológicas (IUGS). E, se todas as condições puderem ser cumpridas, então o Antropoceno se tornará parte formal da Escala do Tempo Geológico.

Mas, vale repetir, não há qualquer garantia de que tal proposta seja aceita, mesmo que o GT a recomende por unanimidade. A Escala do Tempo Geológico precisa permanecer tão estável quanto razoavelmente possível para que os geólogos possam se comunicar não apenas em todo o mundo, mas também entre gerações. Por isso, é tão rigorosa e conservadora a tomada de decisão coletiva.

Seja qual for a maneira como tudo isso vier a terminar, Zalasiewicz e seus coautores mostram estar convictos de que os seres humanos constituem o principal agente geológico em escala planetária. Isto é, que suas atividades já mudaram a trajetória de muitas dinâmicas-chave da Terra, em certos casos de forma irreversível, imprimindo marca indelével no planeta. Isso significa que o Holoceno não serve mais para restringir adequadamente a taxa e magnitude da variabilidade do Sistema Terra (Zalasiewicz *et al.*, 2017: 60).

Como se vê, também entre os geocientistas surge fortíssimo consenso sobre a ideia de que a virada do Holoceno para o Antropoceno teria se dado em meados do século XX. O que não quer dizer, contudo, que o debate venha a resultar em algum tipo de formalização em seu próximo congresso mundial, em 2020. Até porque não são poucos os que — na contramão daqueles que se engajaram nos trabalhos do IGBP — consideram a questão irrelevante.[29]

Uma Ciência do Sistema Terra?

Bem mais complicada que a questão do início do Antropoceno é a retórica que procura caracterizá-lo como resultado de trabalhos científicos transdisciplinares sobre o Sistema Terra, realizados nas últimas três ou quatro décadas. Por isso, antes de mergulhar em tão espinhoso problema, convém esclarecer o uso que se faz aqui do adjetivo "transdisciplinar", pois ele não deveria ser tão confundido com "multidisciplinar".

É óbvio que o prefixo *multi* (*muitas*) não implica qualquer pretensão de se superar fronteiras disciplinares. Um grupo de pesquisa multidisciplinar pode juntar experts em diversas áreas com a missão de apenas acrescentar conhecimentos disciplinares a serem justapostos.

Já os prefixos *inter* e *trans* (*entre* e *através*) são bem similares. Mas não é difícil perceber que acabou por ser o segundo o selecionado e convencionado. Isso fez com que a discussão mais pertinente passasse a recair sobre a diferença que certamente existe entre essa *nova* e a *velha* ótica transdisciplinar. Não se deve esquecer que, desde o século XVII, também houve ciência transdisciplinar simultânea à crescente subdivisão disciplinar. Ao menos nas dimensões metodológica e de formalização matemática.

Claro que não é esse tipo de ultrapassagem dos mantras disciplinares o exigido pelos estudos de um sistema chamado Terra. Como muitos outros desafios transdisciplinares, ele

---

[29] E ainda há os que tacham a proposta de eminentemente "política", como Finney e Edwards (2016) e De Wever e Finney (2016).

Zoom

também sugere a necessidade de uma mudança bem mais radical (Morin, 1990: 124-9; Carvalho, 2017).

Para saber se as pesquisas sobre o Sistema Terra podem mesmo exigir mudança de tamanha envergadura, é preciso retomar o histórico desses esforços, mesmo que alguns fatos sobre seus primórdios já tenham sido destacados.

A suspeita de que a Terra deva ser entendida como sistema (no singular) pode até ser bem antiga, mas só começou a amadurecer como hipótese científica na segunda metade dos anos 1980, como mostraram os simpósios promovidos pela NASA com o objetivo de formalizá-la (NASA, 1986, 1988).[30] Em 1989 a própria NASA preferiu investir na criação de um consórcio internacional, que, três anos depois, publicou uma coletânea de 64 páginas, a principal referência sobre o tema naquela conjuntura: *Pathways of Understanding: The Interactions of Humanity and Global Environmental Change* (CIESIN, 1992).

O desafio foi levado adiante principalmente pelo IGBP (International Geosphere-Biosphere Program), que também emergira em meados dos anos 1980 sob os auspícios do International Council for Science (ICSU), como deixa claro seu livro *Global Change*, publicado em 1985 pela Cambridge University Press (Malone e Roederer, 1985).

Mas o marco definitivo da forte onda de entusiasmo com a nova abordagem foi a célebre *The Amsterdam Declaration on Global Change*, aclamada em 13 de julho de 2001. Além do IGBP, a declaração também foi assinada pelo Diversitas, o programa internacional dedicado à biodiversidade (hoje parte do Future Earth), pelo IHDP (International Human Dimensions Programme on Global Environmental

---

[30] Como já mencionamos, foi nesse contexto que surgiu, há trinta anos, o "Bretherton Diagram", proposto pelo matemático Francis Patton Bretherton.

Change) e pelo WCRP (World Climate Research Program). Essa espécie de "manifesto" salientou que as pesquisas da década anterior, sob os auspícios desses quatro programas, haviam mostrado cinco coisas, das quais a primeira e a quinta merecem muita atenção.

Primeira:

A Terra se comporta como um sistema autorregulador, formado por componentes físicos, químicos, biológicos e humanos. As interações e feedbacks entre as partes integrantes são complexos e exibem variabilidade temporal e espacial em múltiplas escalas. A compreensão da dinâmica natural do Sistema Terra avançou muito nos últimos anos, fornecendo base sólida para avaliar os efeitos e as consequências das mudanças provocadas pelo homem.

Quinta:

Considerados alguns dos mais importantes parâmetros ambientais, *o Sistema Terra se moveu bem para fora do intervalo de variabilidade natural exibido ao longo do último meio milhão de anos.* É sem precedentes a *natureza* das mudanças que agora ocorrem *simultaneamente* no Sistema Terra, assim como suas *magnitudes* e suas *taxas de mudança. A Terra está atualmente operando em um estado sem possível analogia com qualquer período anterior.*

De Amsterdã 2001 à Future Earth 2012

A Declaração de Amsterdã foi o estopim de uma das mais formidáveis iniciativas orgânicas da comunidade científica mundial: a criação da ESSP (Earth System Science Partnership), sob os auspícios do ICSU. Parceria que teve trajetória surpreendentemente curta, foi drasticamente interrompida em 2012 e seu patrimônio transferido para uma nova iniciativa do ICSU chamada Future Earth. Essa nova organi-

Zoom

zação manteve a ideia de promover pesquisas que permitam entender cada vez mais e melhor o Sistema Terra, mas sem fazer, no entanto, qualquer tipo de alusão à possível existência de alguma ciência com tal denominação.

Mudança bem estampada em sua agenda estratégica de pesquisa, publicada em 2014, com três temas: 1) planeta dinâmico; 2) desenvolvimento sustentável global; 3) transformações dirigidas à sustentabilidade (Future Earth, 2014).

Aqui já surge, então, uma primeira questão de caráter factual que talvez esteja relacionada às indagações teórico-epistemológicas a serem explicitadas mais adiante, no capítulo 3 deste livro. Quais foram as conclusões dos avaliadores da parceria ESSP que teriam engendrado tal ruptura e substituição pela Future Earth?

Há indícios de sempre ter havido sérias divergências entre os cientistas que mais contribuíram para impulsionar, desde suas origens, a abordagem do Sistema Terra. Elas estão em dois valiosos documentos para a história da ciência, com visões contrastantes sobre a dinâmica que precedeu a criação do IGBP, mesmo que convergentes sobre sua singular importância: o de um trio coordenado por Harold Mooney nos *PNAS*[31] e o de um grupo de treze pesquisadores liderados por Sybil Seitzinger na revista *Anthropocene*.[32]

Conforme o segundo, a história científica e institucional do Programa Internacional Geosfera-Biosfera (IGBP) teria sido profundamente entrelaçada ao desenvolvimento do conceito da Terra como um sistema no âmbito de abrangente

[31] Harold A. Mooney, Anantha Duraiappah e Anne Larigauderie (2013), "Evolution of Natural and Social Science Interactions in Global Change Research Programs", *PNAS* (*Proceedings of the National Academy of Sciences*), February 26, v. 110, suppl., pp. 3665-3672.

[32] Sybil P. Seitzinger *et al.* (2015), "International Geosphere-Biosphere Programme and Earth System Science: Three Decades of Co-Evolution", *Anthropocene*, v. 12, pp. 3-16.

ciência, na qual as ações humanas eram vistas como parte integrante do sistema da Terra (Seitzinger *et al.*, 2015: 3).

Já o primeiro ressalta que ocorreu o contrário na fundação do IGBP. Um grupo de planejamento *ad hoc*, presidido pelo climatologista Bert R. J. Bolin, elaborou relatório sobre o IGBP e a mudança global, que foi submetido à Assembleia Geral do ICSU de 1986, deixando bem claro que o domínio das ciências sociais não deveria ser inserido (Mooney, Duraiappah e Larigauderie, 2013: 3666).

Mas incluir ou não o dito "domínio das ciências sociais" em estudo sobre a mudança global voltada à relação geosfera/biosfera talvez não tenha sido o único motivo de tensão entre os cientistas que participavam desses esforços, pois também enfrentavam grande dificuldade em realmente integrar as próprias ciências da vida às demais ciências naturais. Daí a extrema importância do papel protagonizado pelo GAIM (Global Analysis, Integration, and Modelling Task Force), uma das mais notáveis iniciativas do IGBP, que ainda disponibiliza nove de seus preciosos relatórios, todos elaborados entre 1997 e 2000.[33]

A relevância dessa efêmera força-tarefa talvez resida principalmente no fato de ter divulgado — também em 2001, ano da Declaração de Amsterdã — uma saborosa lista de 23 perguntas, classificadas em quatro tópicos: oito analíticas, seis operacionais, cinco normativas e quatro estratégicas.

Várias das 23 interrogações talvez só venham a ser parcialmente respondidas, e em longuíssimo prazo. Outras certamente demandam radical reformulação. Um exemplo bem ilustrativo está na última das seis operacionais:

"Quais são as metodologias mais apropriadas para integrar o conhecimento das ciências naturais e das ciências sociais?" (GAIM, 2002).

---

[33] Cf. <http://gaim.unh.edu/Products/Reports>.

Zoom

Imaginar que tal questão seja "operacional", e que tal integração dependeria apenas da obtenção de "metodologias apropriadas", revela uma imensa subestimação das dificuldades epistemológicas embutidas na pergunta, além de total incompreensão (para não dizer ignorância) sobre o emergente conhecimento/pensamento complexo.

Sistêmica

Vários outros indícios de carência teórica saltam aos olhos quando se lê o livro costumeiramente citado como principal referência a respeito do nascimento de uma assim chamada "Ciência do Sistema Terra": *Global Change and the Earth System*, publicado em 2004 por uma equipe de onze participantes-chave do IGBP, e enriquecido por excelentes boxes assinados por 47 cientistas de alto prestígio.[34]

Ao procurar organizar o essencial do que se sabia naquela altura sobre a "Natureza do Sistema Terra", as 346 páginas do volume pretenderam "dar alguma direção para o futuro da *Earth System Science*". Segundo esse grande livro-referência, a humanidade começou a igualar e até superar algumas das grandes forças da natureza na mudança da biosfera e no impacto de outras facetas do funcionamento do Sistema Terra. Em termos de ciclos de elementos fundamentais e alguns parâmetros climáticos, mudanças conduzidas pelo homem empurram a Terra para fora de sua faixa normal de operação.

Além disso, as estruturas das biosferas terrestre e marinha foram substancialmente alteradas pelas atividades humanas. Não há evidências de que anteriormente o Sistema Terra

[34] O livro (Steffen *et al.*, 2004) foi disponibilizado para download gratuito no site do IGBP: <www.igbp.net>.

tenha experimentado esses tipos, escalas e taxas de mudança. Ele está agora numa situação sem analogia possível, mais bem referida como uma nova "era" (*sic*) na história geológica da Terra, o Antropoceno (Steffen *et al.*, 2004: 81).

Merecem atenção dois sérios problemas em obra tão representativa do trabalho do IGBP. Primeiro, o modo com que maltratou a Teoria Geral dos Sistemas. Segundo, uma estranha concordância, no miolo do livro, com a controversa Hipótese Gaia, logo depois contestada em box de Crutzen.

Começando pela questão da chamada Teoria Geral, breves lembretes sobre a evolução do "pensamento sistêmico" surgem num curto parágrafo de abertura do primeiro capítulo, que termina com alusão ao filósofo húngaro Ervin Laszlo, pensador independente que advoga a tese da "mente quântica".[35] Estranha escolha diante da incrível diversidade de propostas teóricas sobre o "pensamento sistêmico".[36]

O que costuma ser chamado de pensamento sistêmico já tem quase setenta anos se a referência for o trabalho, por muitos considerado seminal, "An Outline of General System Theory", que Ludwig von Bertalanffy publicou no *British Journal for the Philosophy of Science* em 1950. Por isso, é fundamental conhecer o atual debate entre os membros da ISSS (International Society for the Systems Sciences), fundada como Society for General Systems Research (SGSR), em 1956, pelo próprio Bertalanffy, na excelente companhia de Kenneth Boulding, Ralph Gerard e Anatol Rapoport.

Em 2007, surgiu forte contestação em seminário on-line da ISSS. Ali negou-se a própria existência de algo que pudesse ser chamado de Teoria Geral dos Sistemas, e na qual a ex-

[35] Ver capítulo 3 do livro *Amor à ciência* (Veiga, 2017b).

[36] Como as que aparecem, por exemplo, em <https://en.wikipedia.org/wiki/Systems_theory> e, principalmente, <https://en.wikipedia.org/wiki/List_of_types_of_systems_theory>.

pressão *Systems Science* foi qualificada de dúbio marketing (*a dubious trademark*).[37]

A resposta a tão séria dúvida existencial só foi dada oito anos depois, na 59ª conferência da sociedade, por bem coeso quarteto de filósofos britânicos sob a liderança de David Rousseau, fundador e diretor executivo do Centre for Systems Philosophy, além de atual presidente da ISSS.[38] Veio na forma de um manifesto em favor de uma desejável "General Systems Transdisciplinarity", que começa com balanço bem negativo dos setenta anos de esforços anteriores.

Segundo tal manifesto, desde os anos 1950 os pesquisadores de sistemas desenvolveram dezenas de teorias especializadas centradas em estruturas e comportamentos sistêmicos específicos. No entanto, permanece elusiva uma poderosa e integradora transdisciplina de sistemas. Ao mesmo tempo, com a especialização veio uma divergência de visões de mundo e domínios de discurso, resultando em fragmentação que prejudica a capacidade do pensamento sistêmico em reunir respostas integradas aos atuais desafios. Como tal espalhamento é insuperável, não existe teoria unificadora para o campo dos sistemas (Rousseau *et al.*, 2016: 8).

Porém, três anos depois do lançamento de tal manifesto, e dez anos depois da grave provocação feita no citado seminário on-line, outra contribuição do protagonista Rousseau, mas desta feita individual, apostou numa espécie de renascimento da abordagem sistêmica, apontando seis "avenidas" abertas à descoberta de princípios sistêmicos.

Ele repete que ainda é muito incipiente a compreensão científica do que seria a integridade de um sistema, apesar de as pesquisas sobre o tema terem surgido formalmente na década de 1950. Esta falha produz altos riscos para a engenha-

[37] Cf. <http://www.newciv.org/ISSS_Primer/asem01cf.html>.

[38] Cf. <http://systemsphilosophy.org/>.

ria e prática de sistemas complexos. Os atuais "princípios sistêmicos" são "heurísticas qualitativas", e a ciência de sistemas é mais científica em termos de atitude do que por qualquer base em princípios que empreguem conceitos claros e quantificáveis. O autor se propõe, então, a abrir caminhos para a descoberta de princípios sistêmicos. E é para isso que sugere as seis avenidas (Rousseau, 2017: 1).

Ora, se em 2017 o presidente da mais importante organização internacional do ramo faz uma proposta desse tipo, como é possível que os pesquisadores do IGBP tenham achado que em 2004 detinham uma teoria geral sobre a questão?

GAIA E ANTI-GAIA

Logo depois de suas surpreendentes platitudes sobre o "pensamento sistêmico", o livro-referência do IGBP (2004) menciona questão ainda mais intrincada, como se fosse correta e definitiva: a interpretação batizada de Gaia e difundida por James E. Lovelock (Lovelock, 1972; Lovelock e Margulis, 1973; Margulis e Lovelock, 1974; Lovelock, 2009).

Porém, logo no capítulo seguinte encontra-se um divergente box, intitulado "Anti-Gaia", de autoria de Paul Crutzen, no qual, entre várias outras importantes observações, ele critica o emprego da vaga ideia de autorregulação como se pudesse substituir o conceito de homeostase.[39]

Autorregulação é uma estranha expressão que se tornou moda na comunidade do IGBP, diz Crutzen. Na Declaração

---

[39] Homeostase é a condição de relativa estabilidade da qual um organismo necessita para realizar adequadamente as funções que o equilibram. É a propriedade de um sistema aberto, especialmente dos seres vivos, de regular o seu ambiente interno, de modo a manter uma condição estável mediante múltiplos ajustes de equilíbrio dinâmico, controlados por mecanismos de regulação inter-relacionados.

de Amsterdã, ela surge desde a primeira sentença, que é grosseiramente enganosa. Aqueles que não interpretarem bem tal afirmação poderão incorretamente assumir que a Terra, incluindo o componente humano, se autorregule, seja lá o que isso puder significar. Tal interpretação errônea sobre a autorregulação banaliza os já severos e crescentes impactos do homem sobre o meio ambiente em todas as escalas (Crutzen, Box 2.7, em Steffen *et al.*, 2004: 72).

Problema ainda mais sério da Hipótese Gaia está na afirmação de que o Sistema Terra tenha finalidade favorável e benéfica à vida. Crítica às vezes rejeitada, mas bem explícita em recapitulação que o próprio Lovelock fez ao evocar a Declaração de Amsterdã de 2001 no sexto capítulo de seu livro de 2009, *The Vanishing Face of Gaia*.

Alguns de seus amigos lhe disseram que, finalmente, Gaia teria sido reconhecida como ciência. Mas Lovelock conta que em 2001 sabia muito bem que ainda haveria um longo caminho a percorrer, pois a Declaração havia ficado incompleta. A teoria de Gaia não seria verdadeiramente parte da ciência até que alguma declaração do tipo incluísse uma versão cientificamente aceitável da ideia de que o objetivo da autorregulação é a manutenção da habitabilidade.

Em Amsterdã, diz Lovelock, os cientistas da Terra e da vida não perceberam que não se pode falar de autorregulação sem especificar o propósito (*aim*), objetivo (*goal*), ou ponto de ajuste do sistema. Acrescenta que engenheiros e fisiologistas sabem ser absurdo falar em autorregulação sem haver objetivo. Seria como um piloto automático de aeronave sem ideia sobre a altura a ser mantida e sem noção sobre o destino (Lovelock, 2009: 179).

Claro, há variantes da Hipótese Gaia, assim como mais duas outras análises concorrentes da relação planeta/vida. Como se trata de uma das principais questões teóricas sobre o tema, ela será retomada no capítulo 3. Aqui é mais importante completar o cenário do entusiástico clima intelectual reinante na comunidade do IGBP no contexto da elaboração de seu grande livro-referência de 2004 (Steffen *et al.*, 2004), que foi tão superficial sobre a dita teoria dos sistemas e que flertou com a Hipótese Gaia.

Praticamente na virada do milênio, em dezembro de 1999, um dos mais destacados pioneiros da abordagem do Sistema Terra no seio do IGBP, Hans Joachim Schellnhuber, publicou na revista *Nature* um artigo de cinco páginas que não poderia ser mais emblemático: "'Earth System' Analysis and the Second Copernican Revolution". Ele reflete o grau de expectativa de duas décadas atrás sobre a possível emergência de algo realmente novo.

"Esta nova revolução copernicana será, de certo modo, uma reversão da primeira: ela nos permitirá olhar para nosso planeta e perceber uma entidade única, complexa, dissipativa e dinâmica, longe do equilíbrio termodinâmico — o sistema da Terra" (Schellnhuber, 1999: C20).

Passados quase vinte anos, não é difícil perceber o quanto pode ter sido otimista demais tão peremptório palpite de Schellnhuber. Mas isso não deve fazer com que se esqueça de outra passagem que se mostrou, ao contrário, clarividente. Nela considera essencial a criação de um manual de padrões mínimos de segurança para o gerenciamento do Sistema Terra. E prevê que os resultados do IGBP e dos programas de pesquisa globais a ele relacionados em breve permitiriam a identificação de *guardrails* para um manejo planetário responsável (Schellnhuber, 1999: C21).

Dez anos depois, foram tais *guardrails* que surgiram com a etiqueta *planetary boundaries*. São de 2009 as duas primeiras publicações sobre essas "fronteiras planetárias".

O artigo que mais conferiu proeminência a tais fronteiras começa com a afirmação de que está "sob ameaça" o período de estabilidade em que surgiram e se desenvolveram as

Zoom

civilizações humanas, o Holoceno. Essencialmente porque o crescente uso de energias fósseis e formas industrializadas de agricultura fizeram com que o principal vetor das mudanças ambientais globais fosse aquele que resulta das ações antrópicas. Consequências irreversíveis poderiam ocorrer caso o Sistema Terra fosse, por isso, empurrado para fora do estável padrão ambiental do Holoceno.

"Isso pode fazer com que as atividades humanas empurrem o sistema da Terra para fora do estado ambiental estável do Holoceno, com consequências prejudiciais ou mesmo catastróficas para amplas partes do mundo" (Rockström *et al.*, 2009a: 472).

AMBÍGUAS FRONTEIRAS

Segundo Johan Rockström e os 28 coautores do já célebre artigo na *Nature* 461, "A Safe Operating Space for Humanity", durante o Holoceno a mudança ambiental ocorreu naturalmente e a capacidade de regulação da Terra (ou do que outras vezes também chamam de Sistema Terra) manteve as condições que permitiram o desenvolvimento humano. Temperaturas amenas, disponibilidade de água doce e fluxos biogeoquímicos permaneceram dentro de um intervalo relativamente estreito.

Agora, as atividades humanas atingiram um nível que pode danificar os sistemas que mantêm a Terra no desejável estado holocênico. O resultado poderia ser irreversível e, em alguns casos, com mudanças ambientais abruptas, levando a um estado menos propício ao desenvolvimento humano (Rockström *et al.*, 2009a: 472).

Os 29 autores acrescentaram que em 2009 já havia muitas evidências de que alguns dos "subsistemas" da Terra estariam se movendo para fora de seus "estáveis padrões do

Holoceno". Por exemplo, o rápido recuo do gelo marinho durante o verão no oceano Ártico, o derretimento das geleiras das montanhas, a perda de massa das placas de gelo da Groenlândia e da Antártida Ocidental e as taxas aceleradas de aumento do nível do mar nos dez ou quinze anos anteriores a 2009 (Rockström *et al.*, 2009a: 473).

Assim, as fronteiras planetárias representariam uma proposta de definição de precondições biofísicas para o desenvolvimento humano. Isto é, uma primeira tentativa de quantificar os limites fora dos quais o "Sistema Terra" — afirmam — não poderia continuar a funcionar em condições estáveis como as do Holoceno. (Rockström *et al.*, 2009a: 474).

Não havia sido diferente a maneira de relacionar as fronteiras planetárias ao Holoceno em artigo bem mais longo, publicado nove meses antes pelos mesmos autores, na *Ecology and Society* (Rockström *et al.*, 2009b). Além de ressaltar que é o Holoceno a referência científica para um estado planetário desejável, o texto enfatiza que os riscos a serem enfrentados pela humanidade "se transitar" (*sic*) para o Antropoceno implicam em mudanças inaceitáveis.

Por mudança inaceitável, entendem a admissão dos riscos que a humanidade enfrentará na transição do planeta do Holoceno ao Antropoceno. Em vez disso, o certo seria mantê-la dentro do intervalo de variações em que o Sistema Terra esteve no Holoceno, a referência científica para um estado planetário desejável (Rockström *et al.*, 2009b: 4).

As repetições acima são importantes para bem ressaltar que, em 2009, os dois primeiros trabalhos sobre as fronteiras planetárias sugeriam ainda não ter ocorrido o advento do Antropoceno e que, apesar das ameaças, ainda seria possível manter a Terra no Holoceno.

DOSSIÊ-CHAVE

Em 2011 tal visão foi contrariada em poderoso artigo que assumiu a visão das fronteiras planetárias, mas desta vez assinado por quarteto em que o filósofo da ciência Jacques Grinevald e o grande historiador ambiental J. R. McNeill se juntaram aos cientistas naturais Will Steffen e Paul Crutzen. Foi publicado em seminal dossiê temático organizado pelo periódico *Philosophical Transactions of The Royal Society*, que só pode ser considerado um grande marco na evolução dessas ideias. O artigo, intitulado "The Anthropocene: Conceptual and Historical Perspectives", apresenta o argumento para que a nova Época seja formalmente reconhecida (Steffen *et al.*, 2011: 842).

Nada poderia causar mais surpresa, portanto, do que notar retorno à ideia de que ainda se estaria no Holoceno em ampla atualização das fronteiras planetárias publicada em 2015 na revista *Science*, por dezoito pesquisadores, desta vez também liderados por Will Steffen e entre os quais Johan Rockström aparece em terceiro (Steffen *et al.*, 2015). A única diferença é que ao menos registra o fato de o início do Antropoceno já ter sido proposto, mas para logo em seguida afirmar que, segundo o "princípio da precaução", seria insensato distanciar-se substancialmente de condição similar à do Holoceno.

Os dezoito autores dizem que desde meados do século XX as atividades humanas cresceram de forma tão dramática que está agora sendo abalada a Época relativamente estável dos mais de 11.700 anos do Holoceno, único estado do planeta que seguramente pode suportar as sociedades humanas contemporâneas. Por isso uma nova Época geológica, o Antropoceno, foi proposta. Uma trajetória contínua longe do Holoceno poderia levar, com uma probabilidade desconfortavelmente alta, a estado muito diferente do Sistema Terra, provavelmente muito menos hospitaleiro para o desenvolvimento das sociedades humanas (Steffen *et al.*, 2015a: 1259855.1)

Já no mais recente trabalho dos pesquisadores que lançaram e promoveram a proposta de fronteiras planetárias (Steffen *et al.*, 2018), surgem outras mudanças retóricas ainda mais surpreendentes. A expressão *planetary boundaries* nem chega a ser usada, e pode apenas ser garimpada em mera nota de rodapé dessa publicação nos *PNAS*, na qual se registra que nove dos dezesseis autores participam da rede Planetary Boundaries Research Network, a PB.net (entre os quais figuram — claro! — Will Steffen, Johan Rockström e Hans Joachim Schellnhuber).

Sem qualquer explicação ou justificativa, as "trajetórias" (no plural) do Sistema Terra no Antropoceno restringem-se exclusivamente à trajetória climática (no singular), numa busca pela definição do limiar a partir do qual, mesmo com redução das emissões, o aquecimento global superará qualquer momento comparável nos períodos interglaciais dos últimos 1,2 milhão de anos. Impõe-se, portanto, ação coletiva que conduza (*steer*) a uma administração (*stewardship*) do Sistema Terra compatível com a desejada estabilização habitável.

Os dezesseis autores desse recente artigo nos *PNAS* discutem o risco de que realimentações autorreforçantes levem o Sistema Terra a um limiar planetário que, se cruzado, impediria a estabilização do clima em temperaturas intermediárias, colocando o contínuo aquecimento na rota de uma "Terra-Estufa", mesmo quando as emissões humanas fossem reduzidas. Atravessar o limiar levaria a uma temperatura média global muito maior do que a de qualquer interglacial desde a segunda metade do Pleistoceno, e a um nível do mar bem mais alto do que em qualquer fase do Holoceno.

Também examinam as evidências de que tal limiar exista e onde estaria. Se o limite for ultrapassado, a trajetória resultante provavelmente causaria graves perturbações nos ecossistemas, na sociedade e nas economias. Ação humana coletiva é necessária, então, para desviar o Sistema Terra de um limiar potencial e colocá-lo em estado interglacial habitável. Tal ação implica a administração de todo o Sistema Terra — biosfera, clima e sociedades — e deve incluir descarbonização da economia global, melhoria dos sumidouros de carbono da biosfera, mudanças comportamentais, inovações tecnológicas, novos arranjos de governança e valores sociais transformados (Steffen *et al.*, 2018: 1).

O artigo nos *PNAS* também inova ao reconhecer, de forma bem enfática, duas das imensas dificuldades desse tipo de exercício: a da integração entre as dimensões biofísicas e sociais do problema e a da análise de sistemas complexos. Mas os autores mostram-se bem confiantes de que a dinâmica do Sistema Terra possa ser descrita, estudada e entendida em termos de trajetórias entre estados separados por limiares controlados por dinâmicas não lineares, interações e feedbacks.

Além disso, os dezesseis autores reconhecem que tratar de tais questões requer profunda integração do conhecimento da ciência biogeofísica do Sistema Terra com o das ciências sociais e humanas no desenvolvimento e funcionamento das sociedades. A integração do conhecimento requerido pode ser difícil, especialmente à luz da formidável gama de escalas de tempo envolvidas. Cada vez mais, os conceitos da análise de sistemas complexos fornecem uma estrutura que une os campos de investigação relevantes para o Antropoceno (Steffen *et al.*, 2018: 2).

Não menos importante, o artigo de 2018 nos *PNAS* termina apontando três questões críticas que demandam pesquisas mais profundas: 1) A humanidade arrisca empurrar o sistema irreversivelmente no caminho da "Terra-Estufa"?; 2)

Quais seriam outros caminhos possíveis e que riscos acarretariam?; 3) Quais estratégias manteriam o sistema em estado manejável de "Terra-Estabilizada"? (Steffen *et al.*, 2018: 8). Também não deixa de enfatizar o caráter inicial da análise, o que exigirá aprofundamento mediante estudos mais detalhados e quantitativos de modelagem do Sistema Terra.

Chega mais

Entre as ambiguidades da proposta de fronteiras planetárias, lançada em 2009, e essa completa repaginação de 2018, passando pelo freio de arrumação de 2011 e pela derrapada de 2015, o que fornece o melhor termômetro sobre os avanços obtidos até aqui parece ser a ambição de "reconectar a dinâmica humana à Ciência do Sistema Terra". Expressão bem realçada no título do artigo de Jonathan F. Donges *et al.* (2017), que contou com a participação de Johan Rockström e Hans Joachim Schellnhuber.[40]

Segundo o notável grupo de oito autores, está na hora de juntar lé com cré: trazer para a teoria, análise e modelos as dinâmicas socialmente mediadas que permitam estudar *todo* o Sistema Terra. Isso ofereceria expressivo potencial para o amadurecimento das metodologias existentes. E, assim, ajudar a humanidade a traçar rumo para um Antropoceno que seja desejável, semelhante ao Holoceno (Donges *et al.*, 2017: 151 e 156).

O grupo acha que a Ciência do Sistema Terra reconheceu, desde seu início, que os seres humanos são um de seus imprescindíveis componentes. Por isso, integrar as perspecti-

---

[40] "Closing the Loop: Reconnecting Human Dynamics to Earth System Science", *The Anthropocene Review*, v. 42, nº 2, pp. 151-157.

vas das ciências naturais e sociais no Sistema Terra tem sido objetivo fundamental.

No entanto, apesar de tantos esforços, as principais características do Antropoceno — iniciativa humana, redes sociais e econômicas globais e interações de retroalimentação entre os sistemas humanos e o planetário — não foram *dinamicamente* representadas, ou de outra forma resolvidas, em modelos integrados do Sistema Terra (Donges *et al.*, 2017: 152).

Para Donges e seus coautores, capturar essas dinâmicas em nova geração de modelos do Sistema Terra ajudará em várias questões críticas sobre a turbulência socioambiental no Antropoceno, como sugerem três exemplos de perguntas: Movimentos sociais transnacionais podem impulsionar o desinvestimento em combustíveis fósseis e outros cortes de emissões de carbono? Como a ciência da mudança climática é assimilada por culturas e tradições não ocidentais? Como o manto de gelo do oeste da Antártida se interliga a transições sociais e políticas? (Donges *et al.*, 2017: 152).

O grupo considera que o maior desafio para responder a esse tipo de questões é entender as atividades humanas e as estruturas sociais como as partes menos previsíveis, embora as mais influentes. É o que contribuiria para dar unidade à teoria, análise e modelos do Sistema Terra (Donges *et al.*, 2017: 152).

E os oito liderados por Donges acrescentam: para enfrentar tal desafio, a análise do Sistema Terra requer progressos em três áreas-chave do substrato sistêmico comum a muitas questões prementes de sustentabilidade do mundo real. Tais áreas-chave são então esboçadas em respostas a três perguntas: Qual a melhor forma de representar a iniciativa humana? Quais os efeitos das redes sociais? Quais pontos de inflexão e dinâmicas complexas surgem dos laços socioambientais? (Donges *et al.*, 2017: 152-4).

Na conclusão, os autores se mostram bem confiantes de que tais progressos estejam em curso. Enxergam exemplos na teoria e nos modelos da dinâmica biogeofísica no Sistema Terra, mas de difícil compreensão para os leigos. Dizem que análises de redes adaptativas recentemente desenvolvidas oferecem uma estrutura flexível para modelar mudanças e transformações de regimes socioambientais, como, por exemplo, aprendizado social, segregação, mudanças de valores, dinâmicas de grupo e formação de coalizões. O que mais faltaria, contudo, seria sintetizar tais fenômenos em sistemas complexos (Donges *et al.*, 2017: 156).

Avaliações bem menos otimistas

Ao menos duas outras contribuições recentes sobre o problema não confirmam a avaliação acima.

Uma diz que, enquanto a humanidade está alterando o planeta Terra em magnitude e velocidade sem precedentes, é muito limitada a representação dos fatores culturais e de sua dinâmica nos modelos do Sistema Terra.

Os seres humanos costumam estar representados nesses modelos por meio de suas manifestações biogeofísicas (emissões, uso de recursos etc.), que são apenas métricas simples dos impactos sociais da mudança ambiental (por exemplo, número de pessoas afetadas por escassez de água, perda de produtividade agrícola, danos causados por inundações ou elevação do nível do mar) e/ou representações de equilíbrio do sistema econômico mundial (Dieter Gerten *et al.*, 2018: 2-3).

Nessa visão, os modelos globais não captam adequadamente a dinâmica pronunciada e diversa da dimensão humana no Sistema Terra, dificultando a simulação da coevolução das sociedades e seu ambiente, com suas não linearidades características: pontos de inflexão, mudanças de regime, propriedades emergentes e teleconexões globais.

Apesar de progressos substanciais, notadamente em relação aos modelos socioambientais de reduzida complexidade e aos modelos socioambientais baseados em agentes, as iniciativas humanas, as redes e as dinâmicas coevolutivas complexas são largamente negligenciadas. Essa sub-representação assume a forma de modelos que reduzem o comportamento humano a manifestações físicas, desprovidas de dinâmicas culturais (Gerten *et al.*, 2018: 2-3).

Os pesquisadores liderados por Dieter Gerten chamam a atenção para o estudo recente liderado por Peter Thornton (2017) que identificou uma série de ressalvas, com implicações potenciais para o aconselhamento de políticas, se os feedbacks dinâmicos entre mudanças no sistema biofísico da Terra e influências do sistema humano forem tratados de forma inconsistente ou excluídos, apontando para região bem escura do espaço de incerteza (Gerten *et al.*, 2018: 2-3).

A conclusão desse estudo de Thornton *et al.* (2017: 496-501) mostra séria inconsistência na prática de modelagem de sistemas acoplados da Terra utilizados no AR5, o acrônimo do quinto relatório do IPCC (Painel Intergovernamental sobre Mudanças Climáticas), publicado em 2014.

Para que o leitor possa entender as críticas desses pesquisadores ao trabalho científico do IPCC é preciso que se prepare para enfrentar uma espécie de turbulência. Dizem que os modelos do painel não captam os feedbacks da biosfera para sistemas humanos que podem alterar a influência climática antropogênica primária, provocando mudanças no uso da terra e atividades energéticas que se propagam, bem como mudanças nas trajetórias das emissões de combustíveis fósseis. Os esforços de avaliação de mudanças deveriam, contudo, considerar esses feedbacks, melhorando a relevância política das projeções (Thornton *et al.*, 2017: 499).

Também não há avaliação abrangente da incerteza associada a um cenário específico, pois um sistema sincronicamente acoplado que inclua um componente ESM (Earth System Model) nunca pode substituir o uso tradicional de independentes IAMs (Integrated Assessment Models) como instrumentos para exploração profunda da incerteza.

Em vez disso, os autores liderados por Peter Thornton argumentam que um sistema sincronicamente acoplado permite explorar o que chamaram de região bem escura do espaço de incerteza: cada vez que um ESM é executado sem acoplamento simultâneo, perde-se uma oportunidade de melhor entender e quantificar tal incerteza (Thornton *et al.*, 2017: 499).

IPCC

O IPCC não deixa mesmo claro qual seria a abrangência dos modelos do Sistema Terra (ESMs) aos quais se refere uma dezena de vezes nas 155 páginas do AR5. A menção mais explícita, que só aparece no glossário, é a seguinte:

"Um modelo acoplado atmosfera-oceano de circulação geral, no qual uma representação do ciclo do carbono é incluída, permitindo o cálculo interativo do CO_2 atmosférico ou emissões compatíveis. Componentes adicionais (por exemplo, química atmosférica, mantos de gelo, vegetação dinâmica, ciclo de nitrogênio, mas também modelos urbanos ou de culturas) podem ser incluídos" (IPCC, 2014: 122).

Isso parece indicar que, por enquanto, o Sistema Terra é visto pelo IPCC apenas na sua dimensão mais "física", da qual é responsável o primeiro de seus três grupos de trabalho. Seu website explica que as atividades do IPCC são capitaneadas por três grupos de trabalho (GTs) e uma força-tarefa (FT), conjunto coordenado e administrado por uma Unidade de Suporte Técnico (UST), que também dá apoio ao presidente na preparação da síntese do relatório de avaliação.[41]

Um dos grupos de trabalho avalia os aspectos científicos físicos do sistema climático e suas alterações. Os principais tópicos por ele avaliados incluem: mudanças nos gases de efeito estufa e aerossóis na atmosfera; mudanças observadas nas temperaturas do ar, terra e oceano, precipitações, glaciares e lençóis de gelo, oceanos e nível do mar; perspectiva histórica e paleoclimática sobre as mudanças climáticas; biogeoquímica, ciclo do carbono, gases e aerossóis; dados de satélite; modelos climáticos; projeções climáticas, causas e atribuição de mudanças climáticas.

Outro grupo de trabalho avalia a vulnerabilidade dos sistemas socioeconômicos e naturais às mudanças climáticas, as consequências negativas e positivas das mudanças climáticas e as opções para se adaptar a elas. Também leva em consideração a inter-relação entre vulnerabilidade, adaptação e desenvolvimento sustentável. As informações avaliadas são consideradas por setores (recursos hídricos; ecossistemas; alimentos e florestas; sistemas costeiros; indústria; saúde humana) e regiões (África; Ásia; Austrália e Nova Zelândia; Europa; América Latina; América do Norte; Regiões Polares; Pequenas Ilhas).

O terceiro GT avalia as escolhas para mitigar a mudança climática mediante limitação ou prevenção de emissões de gases de efeito estufa e do aprimoramento de atividades que os removem da atmosfera. Os principais setores econômicos são levados em conta tanto na perspectiva de curto prazo quanto de longo prazo. Os setores incluem energia, transporte, edifícios, indústria, agricultura, silvicultura, gestão de resíduos. É esse terceiro grupo de trabalho que analisa os custos e benefícios para a mitigação, considerando também os ins-

[41] Cf. <http://www.ipcc.ch/>.

trumentos disponíveis e as medidas políticas, em perspectiva cada vez mais orientada para as soluções.

Além dos três grupos de trabalho citados, há uma Força--Tarefa sobre Inventários Nacionais de Gases de Efeito Estufa, criada pelo IPCC para supervisionar o Programa Nacional de Inventários de Gases de Efeito Estufa do IPCC (IPCC--NGGIP). Sua atividade principal é desenvolver e refinar metodologia acordada internacionalmente para o cálculo das emissões e remoções nacionais de gases de efeito estufa, assim como encorajar seu uso pelos países signatários da Convenção-Quadro das Nações Unidas sobre Mudança do Clima (UNFCCC). O NGGIP também estabeleceu e mantém o Banco de Dados de Fatores de Emissão.

O DESAFIO PERMANECE O MESMO

Os citados estudos liderados por Jonathan Donges, Dieter Gerten, Peter Thornton, assim como o próprio modo de trabalho do IPCC, indicam que continuam absolutamente atuais as observações feitas há oito anos por um grupo de dez pesquisadores encabeçado por Carlos Nobre (Nobre *et al.*, 2010).

Enfatizaram a necessidade de desenvolver um arcabouço de modelagem conceitual que leve em conta não apenas as influências das ações humanas em sistemas naturais, como costumeiramente feito por proxy (por exemplo, emissões de gases de efeito estufa, mudanças na cobertura da terra), mas também os impactos dos serviços ambientais no bem-estar humano e na saúde.

O que os modelos complexos de predição do Sistema Terra não conseguem captar, dizem Nobre *et al.* (2010), é a essência do feedback da tomada de decisão política e social nos sistemas integrados de modelagem de previsão/projeção.

Zoom

Devem ser consideradas, por exemplo, a possível integração de abordagens baseadas em agentes, uma modelagem que enfatize processos individuais autônomos, ou de entidades com modos de comportamento simples.

Em conclusão, sugerem que os futuros esforços na modelagem multidisciplinar do Sistema Terra devam incluir: 1) o desenvolvimento de modelos globais de análise e previsão responsáveis pelos processos físicos, químicos e biológicos em um sistema que envolva atmosfera-oceano-terra-gelo; 2) o desenvolvimento de uma estrutura sistemática que vincule o clima global e os sistemas climáticos regionalmente restritos e as interações e os feedbacks associados com biogeoquímica, biologia e fatores socioeconômicos (por exemplo, demografia, restrições de políticas globais e inovações tecnológicas) entre escalas e disciplinas; e 3) a exploração e o desenvolvimento de metodologias e modelos que respondam aos impulsionadores sociais (por exemplo, governança, dinâmica institucional) e seus impactos e feedbacks sobre os sistemas ambientais e climáticos.

Ressaltam ainda que esse último é um desafio particularmente sério, pois o comportamento humano não é facilmente representado dentro da estrutura dos sistemas de previsão física atuais. No entanto, é cada vez mais reconhecido que a humanidade é capaz de perturbar todo o Sistema Terra. Daí a necessidade de colaboração entre cientistas naturais e sociais para explorar formas de integrar os fenômenos sociais no modelo de Sistema Terra (Nobre *et al.*, 2010: 1394-5).

Até o final de 2018, a mais avançada contribuição científica nessa direção parece ser a modelagem do complexo Terra que está sendo proposta pelo norueguês Jorgen Randers, com a ajuda de pesquisadores ligados ao Stockholm Resilience Centre (SRC). O objetivo é avaliar a dezena de fronteiras ecológicas planetárias — identificadas pelo SRC desde 2009 — à luz dos dezessete Objetivos de Desenvolvimento Sustentável previstos pela Agenda 2030, adotada pela Assembleia Geral das Nações Unidas em setembro de 2015.

Pode-se dizer que os dois produtos já divulgados dessa colaboração — versão preliminar de artigo científico e brochura "popular" (Randers *et al.*, 2018a, 2018b) — resultam de meio século de invejável perseverança investigativa, pois também foram proezas do professor Randers as projeções que viabilizaram três grandes exercícios prospectivos anteriores, todos em coautoria com o casal Donella e Dennis L. Meadows: o mais do que célebre *Limits to Growth*, de 1972, e os ainda mais importantes — embora bem menos conhecidos — *Beyond the Limits*, de 1992, e *Limits to Growth: The 30-Year Update*, de 2004.

3.
ACHADOS

As ideias expostas até aqui revelam largo contraste entre certos conceitos muito bem estabelecidos e noções algo nebulosas, ou até mesmo opacas, que só podem provocar dúvidas e indagações, o que em grande parte pode ser atribuído ao difícil relacionamento entre conhecimentos disciplinares e transdisciplinares. Isto é, ao imenso desafio de se avançar na desejável e imprescindível prospecção de conhecimentos transdisciplinares, mas sem prejuízo de simultâneo empenho pelo aprofundamento dos disciplinares.

Significa que o avanço das análises sobre o que tem sido chamado de Sistema Terra vai depender bastante de clarificações epistemológicas, sem as quais poderão ser inteiramente infrutíferos os mais sofisticados exercícios de modelagem. Daí a importância das questões teóricas. Para que a Terra possa vir a ser rigorosamente estudada como sistema, supõe-se que seus elementos/partes estejam suficientemente articulados na formação de um todo organizado. No caso, tais elementos/partes correspondem a dinâmicas evolutivas muito distintas.

Além disso, a abordagem científica do Sistema Terra foi fortemente influenciada e impulsionada pelos debates sobre a já examinada Hipótese Gaia, que, vale repetir, teve diversas variantes ao longo de seus quase cinquenta anos. Deixando de lado a mais popular, sem qualquer base científica — a da Terra como um "organismo vivo" —, elas vão da extremista

"Gaia-otimizadora" à suave "Gaia autorreguladora ou homeostática". Todas enxergam, contudo, a própria vida como a mantenedora da habitabilidade do planeta. A mais forte afirma que a vida não apenas garante a habitabilidade, mas até melhora suas condições.

Como já foi bem salientado no capítulo anterior, é radicalmente oposta a toda e qualquer variante de Gaia a ideia de que a vida seja, em última análise, autodestrutiva, com a irônica denominação Medeia, lançada em 2009 pelo renomado paleontólogo e garimpeiro de vida extraterrestre (exobiólogo) da NASA, Peter Ward, também professor do Instituto de Geobiologia da Universidade de Adelaide e coautor do impactante livro *Rare Earth* (2000).

"Minha tese é que a propriedade inerente de evoluir também é a fonte da propensão ao suicídio inerente à vida — uma faceta do que definirei como princípio Medeia, a ser colocado e referido aqui como hipótese" (Ward, 2009: 3).

Por sua vez, Gaia e Medeia são hipóteses rechaçadas por pesquisadores como Toby Tyrrell, professor de "Ciência do Sistema Terra" da Universidade de Southampton, que em livro de 2013 expõe investigação crítica sobre a relação entre a vida e o planeta Terra. Ele contesta a ideia de um eventual resultado (*outcome*) dessa interação, e nega que ela guarde qualquer tipo de propósito, seja benéfico à vida (Gaia) ou o seu contrário (Medeia).

Há nas três perspectivas concorrentes um grave problema comum nos usos que fazem do conceito de "coevolução", assim como na relação que estabelecem com o termo "sistema".

"Coevolução" corresponde ao que Darwin havia chamado de "coadaptação", ampliada para se fazer alusão a espécies de plantas e insetos, cujas evoluções simultâneas são fortemente determinadas por influências recíprocas (Ehrlich e Raven, 1964; Durham, 1991). Isso não significa que tal fenômeno possa ser interpretado como formador de novo sistema. No sentido amplo e genérico de coevolução, coisas que coevoluem podem ter dinâmicas das mais distintas, que em nada se pareçam ao que seria uma espécie de orquestração de dinâmicas.

É verdade que certas definições do que vem a ser um "sistema" postulam que ele sempre tem finalidade, mesmo sem garantir autorregulação. Isso só ajuda a que se perceba forte conotação teleológica ou finalista na dobradinha coevolução/sistema. E parece bem duvidoso que a biosfera seja pura e simplesmente acrescentada às três mais tradicionais esferas inorgânicas (*lito*, *hidro* e *atmo*), como uma quarta componente/parte de um único sistema chamado Terra. Por motivos semelhantes, também é questionável que a própria biosfera seja entendida como um sistema (Capra e Luisi, 2014; Ward e Kirschvink, 2015).

Ao lado de tudo isso, cabe perguntar se não seria abusiva a pretensão de se aplicarem à natureza humana em geral — e ainda mais a seu processo civilizador — conceitos da fisiologia que impulsionaram a cibernética. Como o de feedback (retroalimentação), mecanismo essencial da homeostase e seus derivativos (feedback autoequilibrador, feedback autoamplificador, feedback descontrolado).

Já foi realçado que Paul Crutzen considera incorreto assumir que o "Sistema Terra como um todo, incluindo seu componente humano, se autorregule, seja qual for o sentido que se dê a tão vago termo"[42] (Crutzen em Steffen *et al.*, 2004: 72, box 2.7).

Mais: sob o prisma do materialismo darwiniano, a autorregulação se dá de duas maneiras bem distintas no âmbi-

---

[42] No original: "Incorrectly assume that the Earth System as a whole, including the human component, will self-regulate, whatever this vague term means".

to orgânico da biosfera. Nela, variações favoráveis à sobrevivência tendem a ser preservadas, ao mesmo tempo que as desfavoráveis vão sendo eliminadas. Mas, enquanto a parte não humana é absolutamente regida pela lei da seleção natural, a parte humana só o é de forma relativa, porque o processo civilizador generaliza e institucionaliza condutas que se opõem à livre operação de tal lei.

No que se refere à humanidade, outros fatores superaram a luta pela existência, por mais que ela tenha permanecido importante e ainda o seja. As qualidades morais avançaram muito mais, sobretudo devido às consequências dos hábitos, dos poderes do raciocínio, da instrução e da religião, do que dos efeitos da seleção natural. Em poucas palavras: foram instintos sociais que proporcionaram o desenvolvimento moral.

Na passagem da animalidade à civilidade, a dinâmica natural de eliminação dos menos aptos na luta pela vida seleciona, entre os humanos, aqueles modos de vida social que tendem a excluir tais comportamentos eliminatórios mediante a influência crescente da moral e das instituições. Como não se cansa de reiterar o extraordinário conhecedor do materialismo darwiniano Patrick Tort, a seleção natural escolheu a tendência civilizadora que, por sua vez, se opõe à seleção natural (Tort, 2002).

Se é razoável duvidar que as evoluções do planeta e da vida em geral possam ser amalgamadas em um único sistema, com ainda mais razão se deve duvidar que a natureza humana e seu processo civilizador sejam concebidos como seus outros dois componentes. Aliás, a própria discussão sobre Antropoceno só realça as evidências sobre a autonomia do processo evolucionário do gênero humano.

Tais questionamentos levam a pensar que existem motivos mais sérios e profundos para que tenham sido pouco expressivos os avanços, em trinta/quarenta anos, da ambição holística e transdisciplinar embutida na ideia de um totalizante Sistema Terra. Mesmo os mais sofisticados modelos conceituais da chamada *planetary machinery* não costumam ir muito além da representação proposta pelo pioneiro Diagrama de Bretherton.

Pior: não é razoável a aposta que tantos pesquisadores das ciências naturais fazem nas proezas de um "pensamento sistêmico". Isso só prova que não chegaram a assimilar sequer os rudimentos do materialismo darwiniano, além de revelarem chocante ingenuidade epistemológica.

Claro, nada impede que se vislumbre, mesmo assim, o início da tal "segunda revolução copernicana" aventada por Schellnhuber. A rigor, ela já pode ter mais de um século, quando se pensa no advento da física quântica. Todavia, não se nota real aproximação entre as disciplinas científicas que poderiam versar sobre essa espécie de "quádrupla coevolução": do planeta, da vida, da natureza humana e do processo civilizador. O que necessariamente nos remete a uma indagação bem mais básica sobre o estado atual do conhecimento científico a respeito do universo e do lugar que nele ocupa a humanidade.

"Entro, Evo, Info"

Representativa e oportuna amostra está no mais recente livro de Steven Pinker: *O novo Iluminismo* (2018), com eloquentes 75 gráficos que sustentam uma dezena de teses já listadas mais acima: a humanidade está melhor do que nunca; o período atual é o mais pacífico e próspero da história; por toda parte as pessoas estão mais ricas, gozam de mais saúde, são mais livres, têm mais educação, estão mais pacíficas e desfrutam de menor desigualdade social.

Em suma, uma vigorosa e veemente defesa da razão, da

Achados

ciência, do humanismo e do progresso, sob um prisma que tem o mérito de também discutir tanto as dúvidas em voga sobre a durabilidade dessa epopeia quanto a própria natureza do fenômeno. Como no capítulo sobre meio ambiente, que começa com excelente pergunta: será que o progresso é sustentável?

A resposta é uma feliz compilação das melhores críticas já feitas a tudo o que, nos movimentos ambientalistas, há de irracional, alarmista, romântico, mágico, moralista, religioso, lúgubre e conspiratório. Nem todos os argumentos são persuasivos, mas só se pode assinar embaixo quando o autor deduz que "apesar de meio século de pânico, a humanidade não está irrevogavelmente no caminho do suicídio ecológico". Até porque o advérbio empregado torna tal conclusão acaciana.

Por incrível que pareça, a maior vulnerabilidade dessa 15ª obra de um dos mais notáveis professores do formidável eixo MIT-Harvard está no capítulo consagrado ao esclarecimento científico da natureza do progresso.

Até começam bem as treze páginas de teoria (em um livro de 556 páginas), só precedidas por rápido sobrevoo do próprio significado do termo "Iluminismo". Na abertura, uma tese simplesmente inquestionável: o progresso advém da oposição/negação à entropia/desordem da segunda lei da termodinâmica. Aqui também só se pode concordar, embora a afirmação seja tautológica.

Sérios motivos de discordância surgem, no entanto, com as duas hipóteses apresentadas em seguida como se fossem teses equivalentes à da irreversibilidade entrópica. Pinker afirma que a natureza do progresso é essencialmente explicada pelas oposições à entropia que lhe são oferecidas pela "evolução" e pela "informação", o que condensa na tirada "Entro, Evo, Info".

Talvez até haja grandes virtudes comunicativas em tal

legenda, mas ela está longe de ser aceitável. Primeiro, porque a assumida abordagem da evolução não abrange toda a emergência de ordem por processos de auto-organização. Sempre foi a vida o objeto *sine qua non* da conjectura de Darwin, ou de qualquer das outras narrativas sobre a evolução. E ela surgiu há uns 4 bilhões de anos, quando a entropia já vinha enfrentando ferrenha oposição havia mais de 10 bilhões de anos, com a formação das galáxias. Seria imprescindível, então, que o autor admitisse que toda a evolução da realidade inorgânica anterior e coexistente com a vida também obedeça ao esquema darwiniano. Ótima suposição, mas ausente do reles e fugaz parágrafo dedicado à questão.

Em segundo lugar, para que o prefixo "info" — de informação — merecesse o status a ele atribuído na trindade "Entro, Evo, Info", seria preciso que na constituição do universo a informação tivesse papel equivalente ao da matéria e da energia. Ideia defendida desde os anos 1960 pelo brilhante e imerecidamente olvidado economista Kenneth Boulding (1910-1993), mas que não entusiasmou os físicos. Quanto a isso, Pinker até chega a mencionar duas exceções: Seth Lloyd (2006) e César Hidalgo (2015), ex-colegas no MIT. Mas não assume tal perspectiva, o que é séria incoerência.

O resultado é que a obra escamoteia a existência de confuso debate entre cientistas a respeito da emergência de ordem em oposição à entropia, que tem sido chamada de sintropia, quesito que parece ter sido bem desbravado pelo físico-químico belga de origem russa Ilya Prigogine (1917-2003), agraciado com o Prêmio Nobel de Química em 1977. Mas, desde então, só gerou exercícios demasiadamente especulativos sobre seus possíveis fundamentos. A propósito: até aqui, nem o próprio conceito de entropia tem sido explicado com clareza nos livros didáticos de física para o ensino superior.

É lamentável, portanto, que Pinker acene com a trindade "Entro, Evo, Info" para eludir a carência do conhecimento científico sobre a natureza do progresso que decorre do choque entropia/organização, ou desordem/ordem. Uma óbvia e direta herança da vitória de Parmênides (530-460 a.C.) sobre Heráclito (535-475 a.C.), pois uma pitada de dialética já ter-lhe-ia ajudado a dar alguma consistência à retórica de sua potente e admirável defesa empírica do Iluminismo. Claro, desde que por dialética se entenda a unidade entre duas lógicas, entidades, ou instâncias concorrentes ou contrárias que, nutrindo-se uma da outra, se completam enquanto se opõem (como já foi realçado no prólogo deste livro).

EMERGENTISMO

A vulnerabilidade teórica do admirável trabalho empírico de Steven Pinker sobre um novo Iluminismo fica ainda mais chocante quando se percebe que o livro simplesmente ignora a importância científica do conceito de "emergência".

Um martelo surge do encaixe de duas peças bem distintas, cabeça e cabo. Dessa interação sai algo bem mais proveitoso, a função intrínseca à ferramenta, que nenhum de seus dois componentes pode executar sozinho com um mínimo de eficiência. É dessa imprescindível união que *emerge* tal propriedade.

De maneira semelhante, uma molécula de água, com seus dois átomos de hidrogênio e um de oxigênio, jamais dará a alguém a sensação de umidade. Mas alguns bilhões delas em qualquer minúsculo recipiente permitem que se experimente a sensação do que o úmido quer dizer.

A umidade *emerge* de manhosas interações entre moléculas de água em determinado intervalo de temperaturas. Se a temperatura diminuir, as moléculas interagirão de outro modo, tendendo a formar o cristal de gelo, com emergência da dureza. Se for elevada, será a vez do vapor.

Na mesma linha de raciocínio, uma sinfonia é algo que *emerge* da execução de muitos instrumentos individuais, e os rins são conjuntos de células que garantem função vital que nenhuma delas poderia realizar por conta própria.

O que mais há de comum nesse punhado de exemplos — martelo, estados da água, sinfonia e rim — é o fenômeno comum da "emergência", extremamente desafiador em termos teóricos.

Seu entendimento até pode parecer bem simples — novidade qualitativa resultante da interação entre partes de um conjunto, porém ausente em cada uma delas —, mas é um daqueles casos em que as aparências enganam. Para perceber, basta dar uma espiada em qualquer dicionário ou enciclopédia de filosofia. É intrincadíssimo o debate sobre seus possíveis significados. Vem de 1875, teve um eclipse entre 1930 e 1950 e, desde então, ficou cada vez mais obscuro.

Tamanho imbróglio filosófico em nada atrapalhou as contribuições do conceito de emergência para avanços científicos nos âmbitos da física, da biologia, da neurologia e do extraordinário ramo da matemática que é a cibernética de segunda ordem. Não é imprescindível que se consiga alcançar as altitudes ontológicas da noção de emergência para que tais proezas científicas ocorram e sejam bem entendidas. Basta que pragmaticamente se adote sua versão maliciosamente taxada de "fraca", por se restringir à epistemologia.

É bem verdade que epistemologia tem mais de um sentido. Sinônimo de filosofia da ciência, para os que preferem a inclinação francesa de dar prioridade à perspectiva histórica nos estudos do conhecimento científico em vez da tradição anglo-saxã, que sempre preferiu a lógica, mesmo depois do terremoto provocado pela obra do físico estadunidense Thomas Kuhn (1922-1996). E ainda há aqueles para quem seria epistemológica qualquer reflexão sobre o conhecimento em geral, inclusive o poético ou até mesmo o religioso.

Mas nada disso oferece sério obstáculo. Por mais que as três variantes da epistemologia gerem controvérsias sobre a dimensão dita "fraca" da ideia de emergência, há consenso sobre sua importância para o que costuma ser chamado de teoria da complexidade, conhecimento complexo e/ou pensamento complexo. E também foi sua virtude transdisciplinar que favoreceu reflexões paralelas — até agora menos frutíferas — sobre auto-organização e autopoiese, como capacidade dos seres vivos de se produzirem a si próprios.

A atual teoria da complexidade é a terceira tentativa, em quase meio século, de se trazer fenômenos naturais (físicos e biológicos) para o contexto das propriedades altamente genéricas de sistemas e processos.

A primeira permanece pouco conhecida: a teoria da catástrofe, lançada nos anos 1960 pelo notável matemático francês René Thom (1923-2002). Mostrou que as alterações observadas em alguns sistemas cambiantes no tempo conforme leis matemáticas simples podem ser deformações contínuas e graduais do estado imediatamente anterior, mas que, em algum ponto crítico, o sistema sofre uma mudança "catastrófica" e prossegue por um novo caminho.

Exemplo clássico é o da onda do mar que arrebenta por mudança contínua. Uma ondulação se transforma em curva convexa profunda, cuja característica tubular é subitamente perdida no ponto crítico da arrebentação. Um análogo biológico é a deslumbrante mudança de forma verificada durante o desenvolvimento de um embrião.

Entre a da catástrofe e da complexidade, esteve muito em voga a célebre teoria do caos, em grande parte inspirada na meteorologia dos anos 1980. Mostrou que alguns sistemas dinâmicos muito simples têm oscilações regulares com um determinado conjunto de parâmetros, mas, com outros, sofrem transformações de estado que quase sempre parecem completamente aleatórias. Só que tais mudanças são explicáveis por equações relativamente simples. Ecólogos desenvolveram modelos bem acessíveis de crescimento populacional, nos quais é o comportamento caótico que evidencia alterações aparentemente aleatórias.

COMPLEXIDADE

A mais recente tentativa da complexidade reside na esperança de que sistemas e dinâmicas complexas obedeçam, em geral, a leis oriundas da própria multiplicidade de interações entre muitas partes. Isto é, as leis dos processos complexos decorreriam, antes de tudo, do número elevado das partes elementares em interações geradoras de *emergências*.

Sobre a relação entre emergência e complexidade não há, em português, algo que se compare ao dossiê especial que a excelente *Ciência e Cultura*, revista da Sociedade Brasileira para o Progresso da Ciência (SBPC), lhe dedicou em 2013 (v. 65, n° 4). Que termina, aliás, com a apresentação dos dezoito grupos de pesquisa científica brasileiros para os quais essa temática já era muito relevante há cinco anos.

Tal coletânea de seis ótimos artigos deixa clara a utilidade da dobradinha conceitual emergência/complexidade em áreas como biologia, cibernética, física, genômica e, cada vez mais, no velho, mas sempre instigante, debate sobre a relação mente/cérebro. Tudo muito bem costurado em interpretação histórico-filosófica da oposição entre emergentismo e reducionismo de autoria do professor da FFLCH-USP Osvaldo Pessoa Jr.[43] A seu ver, malgrado o acúmulo de sérias divergências sobre a versão "forte" (ontológica) da emergência, estaria havendo (em 2013) "esforço científico para descrever

---

[43] Cf. <https://scholar.google.com/citations?user=RkvQO8sAAAAJ&hl=pt-PT>.

Achados

de maneira mais elegante e frutífera a emergência de padrões complexos" (Pessoa Jr., 2013: 25).

É inevitável, portanto, a curiosidade sobre o que pode ter acontecido desde então. Mas o número de publicações pertinentes tem sido tão elevado, que mesmo um mero resumo seria trabalho por demais ambicioso, até para uma dissertação de mestrado.

Então, como vislumbre dessa desejável atualização, é útil dar atenção a dois livros recentes de quem mais se dedicou ao tema no decorrer do último meio século. O francês Edgar Morin, que completou 97 anos em julho de 2018, fez dois grandes apanhados de sua epopeia teórica em *L'aventure de la méthode* (2015) e *Connaissance, ignorance, mystère* (2017).

Apesar de seus mais de cinquenta livros tratarem de áreas bem diversas — a condição humana, a política, a era planetária, o cinema, a pedagogia —, pode-se dizer que, desde o fim dos anos 1960, o eixo ou cerne das análises teóricas de Morin tem sido o próprio conhecimento, sem qualquer prejuízo à sua inclinação antropológica, revelada desde 1951 em minucioso estudo sobre o homem e a morte, ou ao seu sucesso como sociólogo "do presente", em análises sobre a modernização da sociedade francesa. Mas foi o mergulho profundo em pesquisas de fronteira sobre a vida e sobre o mundo físico que revelou a necessidade imperiosa de atitude transdisciplinar ainda inédita. O que logo o fez esbarrar naquilo que passou a possuí-lo, tanto como obstáculo, quanto como rota à elucidação: o conhecimento complexo.

Na linguagem mais trivial, os termos complexo e complexidade denotam grande dificuldade de se definir ou descrever alguma coisa muito complicada. Mas são termos que também podem ser tomados como evidências da desafiante necessidade de apresentar e definir essas complicações percebidas como complexas. É por isso que os melhores experts na temática — como o professor Edgard de Assis Carvalho (PUC-SP)[44] — se valem do sentido etimológico do termo latino *complexus*: composto de vários elementos entrelaçados a ser compreendido sob diversos ângulos e pontos de vista.

Morin usa a metáfora da "tapeçaria" para dar um realce à impossibilidade de que algum dos tipos de fio que a formam possa se expressar plenamente. E assim ele ilustra a inflexão intelectual empreendida a partir de 1969, quando já era cinquentão. Desde os trinta quis religar conhecimentos forçosamente pulverizados pelas óbvias vantagens comparativas e competitivas das especializações. E desde os quarenta também pretendeu romper com a imposição de escolha entre alternativas e opções tidas por inconciliáveis, encarando e assumindo as contradições em vez de contorná-las.

Ele acabou por se dar conta de que entre as mais sutis fontes de erros e ilusões estão a disjunção entre os conhecimentos e a redução do que é composto aos seus elementos. Percebeu que não se tratava mais do combate aos erros oriundos da ignorância e do dogmatismo, com os quais fizera um incomum acerto de contas em seu sétimo livro: *Autocritique* (1959).

Foi assim que, na década de 1970, passou a mirar outros três tipos de erros: o do pensamento parcial (nos dois sentidos); o do pensamento binário, que só vê alternativa do tipo ou/ou, por incapacidade de combinar a conjunção e/e; e o do raciocínio linear, in/apto em conceber a retroação e a recursividade.[45] No fundo, três falácias das reduções que

---

[44] Cf. <http://bv.fapesp.br/pt/pesquisador/90105/edgard-de-assis-carvalho/> e Carvalho (2017).

[45] Na matemática e na ciência da computação, a recursão especifica (ou constrói) uma classe de objetos ou métodos (ou um objeto de uma certa classe) definindo alguns poucos casos-base ou métodos muito simples (frequentemente apenas um), e então definindo regras para formular casos

frustram esforços de apreensão dos fenômenos considerados complexos.

Conta Morin que foi sob o efeito de um impulso interno incontrolável que ocorreu seu engajamento na "aventura" ou "missão" de batalhar por uma renovação da própria natureza do conhecimento científico. E por mais que se possa duvidar da razoabilidade de tamanha ambição, existe uma certeza: nesse meio século, o autor não esmoreceu, muito menos desistiu, mesmo que tenha escolhido o ambíguo título de "Missão impossível" para o prefácio à reedição conjunta pela Seuil dos seis tomos de sua obra teórica medular: *La méthode* (2008). Ambiguidade desfeita no otimista fecho de seu livro de 2017, que enaltece as "virtudes do mistério", pois "é ele que nos faz navegar nesse oceano de incertezas com algumas ilhotas de certezas que nos orientam e abastecem" (p. 174). A rigor, virtudes dos mistérios — no plural —, pois parecem ser onze (Lopes, 2014).

Princípios ou operadores

Para bem compreender o enunciado proposto por Morin para o conceito de emergência, é aconselhável que o leitor se lembre dos exemplos dados acima (martelo, água, sinfonia, rim). Para ele, emergências são propriedades ou qualidades advindas da organização de diversos elementos ou constituintes imbricados em um todo, não dedutíveis a partir das qualidades ou propriedades dos constituintes isolados, e irredutíveis a tais constituintes. Por isso as emergências não são epifenômenos ou superestruturas, e sim qualidades superiores advindas da complexidade organizacional. Elas po-

complexos em termos dos casos mais simples. Ver: <https://pt.wikipedia.org/wiki/Recursividade>.

dem retroagir sobre os constituintes, conferindo-lhes as qualidades do todo.

Dada a importância atribuída à emergência, fica bem difícil entender por que tal conceito nem entra na definição proposta por Morin para complexidade, conhecimento complexo ou pensamento complexo, definição baseada numa trinca de "princípios", que os experts preferem chamar de "operadores". Eles serão a seguir apresentados de trás para a frente.

O terceiro é o do holograma, imagem em que cada ponto contém a quase totalidade da informação sobre o objeto representado. Significa que não somente a parte está no todo, mas que o todo também está, de certa maneira, inscrito na parte. Assim, a célula contém a integralidade da informação genética, o que permite a clonagem. E a sociedade, mediante a cultura, está inserida na mente de cada indivíduo.

O segundo é a recursividade organizadora. É recursivo todo circuito cujos produtos e/ou efeitos são necessários à própria produção ou à própria causação. Uma bela imagem, apresentada no livro de 2015, é a figueira-de-bengala, árvore endêmica na Índia, em Bangladesh e no Sri Lanka (que tem, por exemplo, um espécime bem conservado no bairro dos Jardins da capital paulista pelo restaurante Figueira Rubaiyat). Sua característica mais marcante é gerar raízes aéreas delgadas que crescem até atingir o solo, começando então a engrossar até formarem novos troncos indistinguíveis do tronco principal. Segundo Morin, esse *Ficus benghalensis* simboliza o ciclo recursivo próprio a tantas dinâmicas complexas em que produtos viram produtores daquilo que os produziu.

Já o primeiro princípio, ou operador, dito "dialógico", foi deixado para o fim por ser bem menos aceitável, causando até hostilidade entre entendidos em epistemologia. Nas palavras do autor, trata-se da unidade complexa entre duas lógicas, entidades ou instâncias complementares, concorrentes e antagonistas, que se nutrem uma da outra, se completam, mas também se opõem e se combatem. Afirma ser algo distinto da dialética hegeliana, na qual as contradições encontrariam sua solução, se superariam e se suprimiriam em unidade superior. Já no neologismo "dialógica", antagonismos permaneceriam constitutivos das entidades ou fenômenos complexos.[46]

Não parece razoável, contudo, a afirmação de que na dialética hegeliana as contradições sempre seriam antagonismos que encontrariam sua solução em unidade superior. O termo que Hegel mais utilizou foi *aufgehoben*, que tem triplo sentido: 1) dissolver, desfazer, anular; 2) guardar; 3) pôr em lugar mais alto, colocar em cima.

Não por outro motivo, são três os sentidos presentes na formação do que Hegel chamou de "síntese". No primeiro, a oposição dos polos, que constitui a contradição, é superada e anulada. E o caráter excludente entre tese e antítese é dissolvido e desaparece. No segundo sentido, os polos são conservados e guardados em tudo o que tinham de positivo, apesar da dissolução havida. E no terceiro, vai-se a um plano mais alto: na unidade há ascensão.

Na verdade, interpretar contradições exclusivamente como antagonismos foi inclinação comum entre marxistas, mas sem que a responsabilidade possa ser atribuída a Hegel. O equívoco foi certamente induzido pela leitura dos escritos de

---

[46] A palavra "dialógico" foi muito usada pelo teórico russo Mikhail Bakhtin (1895-1975), destacado pesquisador da linguagem humana. Seus escritos inspiraram estudiosos de diferentes campos — marxismo, semiótica, estruturalismo, crítica religiosa — e de diversas disciplinas: crítica literária, história, filosofia, antropologia e psicologia. No entanto, nos seis tomos de sua principal obra, *La méthode*, Morin só menciona Bakhtin em mera nota de rodapé da página 1577, que nada tem a ver com a questão dialógica/dialética.

Marx que mais revelam o predomínio do aguerrido revolucionário sobre o cientista social. Só que os outros dois tipos de contradição também são parte do projeto filosófico do autor de *O Capital*.

Ao aprofundar seus estudos sobre o funcionamento da economia capitalista, Marx também detectou oposições *não antagônicas*, nas quais os contrários estão em posição lógica de simetria. Em tais casos, não há eliminação inovadora de um deles, nem superação "sintética" dos dois, mas sim reprodução cíclica, ou ondulatória, da oposição básica.

Ele também detectou um outro tipo, em que a oposição dos contrários engendra algo novo. Ou seja, identificou ao menos três tipos de oposição entendidas como determinantes de processos *revolucionários*, *ondulatórios* e *embrionários*.

NOVA SÍNTESE

Não faz sentido, portanto, apelar para uma suposta dialógica, como se ela pudesse ser complemento à dialética, seja a de Hegel, seja a de Marx, pois as reticências de Edgar Morin ao termo "dialética" integram os debates filosóficos sobre o tema. Tentar resolver as dificuldades que permeiam tais debates pelo lançamento de nova moda — a dialógica — foi uma temeridade que não emplacou e que irrita muitos pesquisadores.

O mais irônico, contudo, é o autor não abandonar o uso da locução "dialética", que parece até mais usada que "dialógica" nos vários milhares de páginas que publicou. Algo que só poderá ser verificado se e quando houver edição digital, ao menos da parte mais voltada à epistemologia.

Além da objeção sobre a infelicidade de bagunçar a dialética, há uma outra cuja consequência é ainda mais grave: não se dar conta da pertinência da conjectura de Darwin para a aproximação epistemológica das ciências. Lamentável, pois a ambição de Morin tem sido, desde o fim dos anos 1960, a renovação da própria natureza do conhecimento científico. Por isso, o que vem a seguir é capital para qualquer conjectura sobre emergência e complexidade.

O que dizer do que vem se passando na física quântica, com o chamado *Quantum Darwinism*, e nas ciências cognitivas, com o *Neural Darwinism*? Paralelamente, também está havendo, no interior da biologia evolucionária, profunda mudança no pensamento sobre hereditariedade, que parece prenunciar o surgimento de uma síntese que não será mais fissurada no gene.

Assertivas dessa corrente por uma "síntese ampliada" parecem pura heresia a quem seja prisioneiro da versão mais difundida da teoria da evolução de Darwin, que tudo reduz à adaptação por meio de seleção natural de variações genéticas aleatórias. Mas a biologia molecular tende a escancarar que estão erradas muitas das suposições sobre o sistema genético. Ela já mostrou, por exemplo, que as células são capazes de transmitir informação às células-filhas por herança não relacionada ao DNA, a epigenética.

Em princípio, os organismos têm ao menos esses dois sistemas de hereditariedade. Mas nos animais também há muita informação transmitida por comportamentos, o que lhes confere um terceiro sistema. E os humanos teriam quatro, pois uma herança baseada em símbolos — particularmente a linguagem — desempenha papel decisivo em sua evolução.

Desponta, portanto, uma visão muito diferente do materialismo darwiniano quando se leva em conta os quatro sistemas de herança e as interações entre eles, porque mudanças induzidas e adquiridas também podem ter papéis na evolução. As heranças epigenética, comportamental e simbólica podem fornecer variações sobre as quais atuaria a chamada

seleção natural. Não é razoável, então, reduzir hereditariedade e evolução à dimensão genética.

Ademais, também passou a ser inaceitável que as possi-
bilidades de cooperação entre as pessoas dependam direta e
exclusivamente de sua proximidade genealógica. Foi assim
minimizada a ideia de "aptidão inclusiva", baseada em "seleção de parentesco", que desde 1964 se tornara monopoli-
zadora no campo da biologia evolucionária voltada a essa
questão.

Tanto pela emergência de nova síntese, bem mais abrangente que a "moderna", quanto pela expansão da "epistemologia evolutiva", fica claro que são muitas as novidades teóricas sobre os determinantes da hereditariedade e da cooperação capazes de acelerar a aproximação iniciada nos anos
1980 com a formação de três originais sociedades científicas.

Psicólogos e antropólogos se juntaram a biólogos para
fundar a Human Behavior and Evolution Society (HBES), que
lançou o periódico *Evolution & Human Behavior* como su-
cessor do *Ethology & Sociobiology*. Pesquisadores dessas três
disciplinas por sua vez se associaram a ecólogos na International Society for Behavioral Ecology (ISBE), que publica
Behavioral Ecology. E economistas fundaram a International
Joseph A. Schumpeter Society (ISS), que edita o *Journal of
Evolutionary Economics*.

Tão ou mais importante, contudo, é destacar que, no
Brasil, a melhor referência sobre tais questões é o professor
Charbel El-Hani, do Instituto de Biologia da Universidade
Federal da Bahia (UFBA). Ele coordena o Instituto Nacional
de Ciência e Tecnologia (INCT) em Estudos Interdisciplina-
res e Transdisciplinares em Ecologia e Evolução (IN-TREE),
que hospeda o excelente blog *Darwinianas: A Ciência em
Movimento*.[47]

[47] Cf. <https://darwinianas.com>.

Achados

E AGORA, JOSÉ?

Essa pergunta, mote e motor de bem conhecido poema de Carlos Drummond de Andrade — originalmente publicado em 1942, em meio ao Estado Novo e à Segunda Guerra Mundial —, parece cair como uma luva para quem tiver lido com atenção tudo o que antecede.

Não por tentar abrir porta que não existe, morrer em mar que secou, ou ir para Minas que não há mais. Apenas porque é perfeitamente legítimo que o leitor esteja a se perguntar se as tantas indagações já feitas neste terceiro capítulo ajudam a esclarecer ou, ao contrário, tendem a desmanchar tudo o que parecia sólido no sobrevoo do primeiro e aprofundamento do segundo. O que tirar de toda essa atenção dada aos trabalhos de pesquisadores que se aproximaram para estudar o que chamam de Sistema Terra com ambição transdisciplinar?

Em primeiro lugar, é preciso constatar que há muita dúvida sobre o significado da palavra "sistema", até aqui usada mais de sessenta vezes. Aliás, como foi bem destacado no tópico "Sistêmica" do capítulo 2 deste livro, em 2015 a própria organização internacional consagrada aos estudos sobre o tema (ISSS) comemorou seu 59° aniversário com o lançamento de manifesto que ainda clama por uma teoria unificada. Simultaneamente, seu principal líder apontou seis avenidas que estariam abertas à descoberta de princípios sistêmicos.

Se nada disso incomoda os que estão convictos da existência de uma totalizante "Ciência do Sistema Terra", só pode ser porque provavelmente dão muito mais valor a avanços extraídos de suas pesquisas empíricas do que à difícil dúvida epistemológica que causa o polissêmico e cacofônico emprego do termo "sistema", que já gerou infindável lista,[48] além de quarenta teorias.[49]

É certamente o caso de um jovem cientista que já se tornou um dos maiores expoentes da Ciência do Sistema Terra e simultaneamente o principal defensor da Hipótese Gaia, depois do próprio Lovelock, claro. O quarentão chamado Timothy Michael Lenton, que quase sempre assina Tim Lenton, é professor de Ciência do Sistema Terra na Universidade de Exeter, recebeu em 2013 o Royal Society Wolfson Research Merit Award e publicou a melhor síntese até agora disponível sobre o tema: *Earth System Science: A Very Short Introduction* (2016).[50]

São muitíssimo esclarecedoras as primeiras páginas do livro. A "Ciência do Sistema Terra" teria surgido desde a entrada na consciência popular da "óbvia unidade" do planeta que nos suporta, assim que a humanidade pôde vê-lo pela primeira vez do espaço. Teria nascido de tal "revelação" o "terreno de pesquisa" de recente e integrativa ciência, que é parte de mais abrangente tendência do século XXI: o estudo de sistemas complexos. Como a Ciência do Sistema Terra tem como escopo os 4,5 bilhões de anos da história da Terra, ela exige conhecimentos geológicos, biológicos, químicos, físicos e matemáticos.

Não pode ter escapado ao leitor do parágrafo acima a liminar exclusão das Humanidades da lista de disciplinas.

---

[48] Ver <https://en.wikipedia.org/wiki/Wikipedia:WikiProject_Systems/List_of_systems>.

[49] Ver a lista em <https://en.wikipedia.org/wiki/List_of_types_of_systems_theory>.

[50] Seus trabalhos mais recentes se concentram na necessidade de compatibilizar a Hipótese Gaia com a teoria darwiniana a partir do caminho aberto por Doolittle (2017). Ver Lenton *et al.* (2018) e Dyke e Lenton (2018).

Achados

Forte indicador de que não prosperou até 2016 aquela grande ambição da virada do século de também abranger e integrar a dimensão sociopolítica. Por esse prisma, o objeto da Ciência do Sistema Terra não seria, então, o que foi mais acima chamado de "quádrupla coevolução", mas apenas a dupla coevolução do planeta e da vida, sem envolvimento da natureza humana e do processo civilizador.

Sempre segundo Lenton (2016), a Hipótese Gaia teria nascido de uma epifania de Lovelock no contexto de importante conversa com o célebre astrofísico e divulgador científico Carl Sagan (1934-1996). Um episódio que merece ser mais bem conhecido.

As pesquisas que Carl Sagan tocava no Jet Propulsion Laboratory da NASA em Pasadena, Califórnia, o haviam levado a se perguntar o que poderia ter impedido a Terra de permanecer gelada, já que em sua formação a luminosidade do Sol era bem inferior à atual. Sem água líquida em sua superfície, o planeta não poderia ter dado origem à vida. No entanto, sedimentos com 3,8 bilhões de anos mostravam que oceanos já haviam aflorado na tão jovem Terra.

A suposição proposta por Sagan foi de que tal aquecimento teria sido motivado pela existência na atmosfera de uma cobertura gasosa, provavelmente com alta concentração de amônia. Mas isso trazia nova charada: por que a remoção do gás, devido ao aumento da luminosidade solar, teria permitido à Terra se manter fria?

Ora, se a atmosfera do planeta fosse forte resultante da existência de vida, então talvez ela própria — a vida — fosse a reguladora da composição da atmosfera e, consequentemente, a controladora do clima da Terra. Foi essa a epifania de Lovelock que se tornou a essência da Hipótese Gaia: a vida e seu ambiente inorgânico formam um sistema autorregulador capaz de manter a composição da atmosfera e o clima em estado habitável.

Dois sistemas

Como teria sido essa a primeira afirmação clara de que a Terra é um sistema maior do que a soma de suas partes, Tim Lenton considera que ela constitui o marco inaugural da ciência que ensina na Universidade de Exeter, por mais que possam ser encontrados precursores. Para citar apenas três, ele destaca: 1) o escocês James Hutton (1726-1797), considerado o pai da geologia moderna; 2) o mineralogista e geoquímico russo Vladimir Vernadsky (1863-1945), que reconheceu a biosfera como sistema integrado de processos bióticos e abióticos; e 3) o oceanógrafo estadunidense Alfred C. Redfield (1890-1983), estudioso do que denominou "controle biológico de fatores ambientais químicos". Mas acrescenta que nenhum deles percebeu a extensão global e a força do acoplamento bidirecional (*two-way coupling*) entre a vida e o ambiente planetário.

Lenton também registra que as formulações originais da Hipótese Gaia — logo depois lançadas por Lovelock e Margulis — pecaram por teleologia ao salientarem que a regulação da atmosfera seria "por e para a biota". Isso provocou críticas e uma polêmica que parece infindável, mas que, para ele, não se justificam. O que Lovelock teria querido dizer é que um sistema complexo, como a Terra, pode automaticamente se autorregular, sem qualquer previsão ou propósito consciente ("*self-regulate automatically, without any conscious foresight or purpose*", p. 5).

Mais adiante, ao definir o que é o "Sistema Terra", aparece a inelutável necessidade de "demarcar suas fronteiras". Para o chamado "pensamento sistêmico", o primeiro passo costuma ser identificar o que está dentro e o que está fora do sistema de que se trata. A rigor, foi o que fez a NASA, há uns trinta anos, com o Diagrama de Bretherton.

Achados 111

O topo da atmosfera como fronteira externa permanece uma imutável convenção. O sol fornece o grosso da energia que entra no sistema, mas não faz parte por não ser afetado pelo que se passa no planeta Terra. Muita energia é trocada no topo da atmosfera, mas quase nada em termos de matéria: átomos de hidrogênio podem escapar à gravidade terrestre e se perder no espaço e meteoritos entram na atmosfera numa média de 44 toneladas diárias.

Bem menos tranquilo é convencionar um único limite interno para o "Sistema Terra". Em princípio, todo o planeta dele faria parte. No entanto, o "pensamento sistêmico" permite separar o que afeta sua superfície, sem por ela ser afetado. Por isso, sempre segundo Lenton, a melhor saída é condicionar tal delimitação à escala de tempo que está sendo considerada.

Se o objeto de pesquisa for, por exemplo, a mudança global no próximo século, então é normal que se exclua dos modelos a tectônica da crosta terrestre, pois ela ocorre numa escala temporal de milhões de anos.[51] De resto, considera-se marginal o depósito de sedimentos no fundo dos oceanos, mas não o material introduzido pelas erupções vulcânicas, este considerado como uma importação do sistema.

Todavia, esses e muitos outros fatores precisam figurar no sistema caso o objeto de estudo seja, por exemplo, a pergunta que se fazia Carl Sagan: o que contrabalançou a variação da luminosidade solar?

[51] A chamada teoria da tectônica de placas descreve os movimentos de grande escala na litosfera. A parte mais exterior da Terra tem duas camadas: a litosfera, que inclui a crosta e a zona solidificada na parte mais externa do manto, e a astenosfera, que inclui a mais interior e viscosa do manto. Numa escala temporal de milhões de anos, o manto parece comportar-se como um líquido superaquecido, mas em resposta a forças repentinas, como os terremotos, comporta-se como um sólido rígido. Ver <https://pt.wikipedia.org/wiki/Tect%C3%B3nica_de_placas>.

Lenton admite que a fronteira interior do Sistema Terra tem definição bem duvidosa (*"fuzzy"*), o que leva boa parcela dos pesquisadores a preferir considerar que o planeta Terra é, com efeito, composto por dois sistemas: por um lado, a superfície que suporta a vida, por outro, sua imensa massa interna.

O mais surpreendente nessa exposição introdutória de tão destacado expert no tema não é, contudo, a informação sobre a existência de dois sistemas no que é chamado de "Sistema Terra" no singular. Mais surpreendente é notar que o critério para fazer a distinção — a escala de tempo intrínseca ao objeto de pesquisa — traz outras importantes complicações, que parecem nem ter ocorrido a Lenton.

Será possível analisar a Terra sem dar destaque aos períodos marcados pela ascensão do gênero humano e por seu processo civilizador? Que importância merecem os últimos setenta milênios, às vezes taxados de "era da humanidade", ou a última dezena de milênios ao longo da qual vem se dando o que chamamos de progresso? Mais precisamente: como discutir o Antropoceno no âmbito de um quadro teórico que considera a existência, dentro do chamado "Sistema Terra", de apenas dois sistemas biogeofísicos que excluem o gênero humano? Não seria mais coerente considerar que são quatro em vez de dois?

O objetivo de tal raciocínio não é criticar apenas tão óbvia esguelha não humana que domina a explanação de Lenton, ou desejar que as Humanidades sejam integradas. Ao contrário, as observações equivalem a uma espécie de "demonstração por absurdo", pois chegam a um óbvio impasse ao levarem adiante a própria argumentação do autor. Ou não seria um impasse admitir que o tal "pensamento sistêmico" obriga constatar que o "Sistema Terra" se constituiria de mais de um sistema, os dois assumidos pelo autor, ou os quatro sugeridos por uma continuação do próprio raciocínio?

Achados

113

Para responder não, os adeptos desse tipo de pensamento certamente usariam a desculpa da possibilidade de se considerar quatro "subsistemas". Aí a indagação passaria a ser, então, sobre a natureza das interações, ou da articulação, entre quatro subsistemas que se organizariam em outro que os totalizaria. Ou não seria melhor enfrentar a dúvida a respeito da própria razoabilidade desse tal "pensamento sistêmico"?

Demônio

Imprescindível lembrar o imenso avanço científico que foi a ascensão da ideia de sistema para substituir a fixação em "objetos" autônomos e isolados, objetivamente submetidos a leis universais. Até ali pensava-se que a natureza de um objeto seria mais bem revelada pelo isolamento experimental e que todos os fenômenos poderiam ser entendidos como composições ou mesclas de tais objetos, como elementos essenciais e reais detentores de suas propriedades fundamentais. Eram simplesmente proscritas referências ao ambiente do objeto ou ao observador. E apenas como acessório era considerada sua organização. Tão radical reducionismo triunfou em todas as áreas e domínios do conhecimento no decorrer do século XIX.

Mas o contexto em que o átomo era o objeto dos objetos — puro, inteiro, irredutível — foi drasticamente subvertido no início do século XX. O átomo passou a ser visto como sistema constituído de partículas em mútuas interações. E nem deu tempo para que a partícula ocupasse o lugar anterior de unidade elementar: foi logo atingida por uma dupla crise, de ordem e de identidade, já que é impossível isolá-la de forma precisa no tempo e no espaço. Mesmo suas interações não podem ser separadas da observação. E ela hesita nessa dupla e contraditória identidade de onda e de corpúsculo.

Não bastasse, as partículas têm mais propriedades do sistema do que o próprio sistema tem das partículas. Então, o átomo passa a ser encarado sobre novas bases, como objeto organizado, ou sistema, não podendo mais ser entendido somente pela natureza de seus constituintes elementares. Ao contrário, tal entendimento está em sua índole organizativa e sistêmica que transforma a própria natureza de seus componentes.

A partir daí, emerge uma dominante "sistêmica" que se impõe a todos os rincões do conhecimento científico. Na biologia, a ideia de sistema massacra a de matéria viva e de princípio vital que anestesiavam o avanço do conhecimento sobre a célula e sobre o organismo. Ambas passam a apenas heranças da vitoriosa noção desse "sistema vivo".

Do lado das Humanidades, a ascensão foi fulminante. Há muito já enxergavam a sociedade como sistema. Mas também não tardou para que a sistêmica se impusesse a todos os demais horizontes do conhecimento. E o universo passou a ser concebido como um arquipélago de sistemas num oceano de desordem.

O que demorou um pouco foi que tão poderosa vitória da sistêmica passasse a ser teorizada. Como já dito, isso só despontou em 1950 com a contribuição de Bertalanffy, tornando-se coqueluche na década de 1960. Só que a chamada "Teoria Geral dos Sistemas" nunca foi uma teoria *do* sistema, omissão que — já em meados dos anos 1970 — levou Edgar Morin a colocá-la na berlinda (Morin, 1977a: 140-205; 1977b).

O resultado da análise crítica da teoria de Bertalanffy, e de alguns de seus discípulos, empreendida por Morin não sugere abandono ou ruptura com a noção de sistema. Mas sim que os sistemas precisam ser inseridos em cenário bem mais abrangente de "organização com propriedades emergentes". Mais: que tais emergências são qualidades superiores advindas da complexidade, pois retroagem sobre os constituintes conferindo-lhes as qualidades do todo.

Trocando em miúdos o intrincado parágrafo acima, a relativa similaridade entre as noções de sistema e de organização não exige que a primeira seja descartada, mas que o dito "pensamento sistêmico" da segunda metade do século XX seja superado, abrindo caminho ao "pensamento complexo", ou simplesmente à "complexidade". Que, a seu ver, envolve os três "princípios" ou "operadores" apresentados, comentados e criticados mais acima.

A proposta teórica de superação da sistêmica pela complexidade tem sido desenvolvida desde 1956, a partir da pioneira introdução à cibernética publicada por William Ross Ashby. Hoje, ela conta com três correntes de pesquisa, ou "visões", como preferem Guillaume Deffuant *et al.* (2015). Para identificá-las, usam como critério de separação o célebre "demônio de Laplace", mas numa versão modernizada, na qual o capeta poderia se servir de um computador.

Influenciado pelo imenso sucesso da mecânica de Newton, Laplace sonhara com uma inteligência que poderia conhecer, em determinado momento, todas as forças que animam a natureza, assim como as respectivas situações de seus constituintes. Nada seria incerto para tal inteligência.

As três visões

A primeira visão, que os autores consideram não apenas a mais clara, mas também a que mais causaria impacto nas atuais discussões científicas, simplesmente destrói a ficção de Laplace. Por um lado, a sensibilidade às condições iniciais evidencia que pequenas causas podem produzir grandes efeitos. Por outro, é limitada a capacidade de prever com precisão certos fenômenos, o que significa que a incerteza é intrínseca. E a própria noção de emergência dá argumentos a favor de uma posição não reducionista.

A segunda, ao contrário, cria novos demônios de Laplace. Ela leva em conta as restrições da primeira, mas considera, em certos casos, a relevância de se aplicar o princípio básico do demônio: identificar todos os elementos do sistema. Seria apenas uma questão de usar o poder do computador para integrar diferentes facetas de um sistema, muitas vezes correspondendo a diferentes disciplinas científicas, e assim obter uma integração de múltiplos conhecimentos, inclusive de várias fontes de dados. A visão ganhou mais força nos últimos anos, dada a quantidade e diversidade de dados sem precedentes. Esse verdadeiro "dilúvio" de dados dá acesso a múltiplas medidas sobre uma miríade de fenômenos, incluindo os sociais.

Já a terceira propõe um outro demônio de Laplace buscando simular agentes com subjetividade. Para esse não reducionismo, parece legítimo e muito eficaz tentar recompor o que os agentes percebem e sentem para prever seu comportamento. Assim, nessa terceira ótica, o demônio de Laplace deve "simular" a subjetividade de cada agente, para simular seu comportamento. E é somente ela que aceita o desafio da pergunta no centro dos principais debates filosóficos atuais: qual o status científico da subjetividade? Qual a abordagem científica para incorporá-la aos modelos?

Para alguns pesquisadores das Humanidades, a natureza própria da complexidade humana torna-a essencialmente incompatível com formalizações matemáticas ou mesmo lógicas. A complexidade seria, portanto, muito mais "radical" do que as das outras duas visões. Mas também há os que afirmam que a complexidade humana apenas exigiria novos modelos, diferentes dos de objetos físicos, expressando, por exemplo, pontos de vista entrelaçados. Como os debates ainda são incipientes na comunidade de ciências humanas, o mais provável é que assim permaneçam por muito tempo, pois envolvem pontos de vista aparentemente inconciliáveis.[52]

Tais classificações reforçam a suspeita de ser apenas por inércia que os pesquisadores do chamado "Sistema Terra" insistem em dar tanta ênfase ao termo "sistema", já que parecem ser unânimes em reconhecer ser esse um dos sistemas mais extremamente complexos a estudar. Não apenas entre os adeptos de abordagens mais totalizantes, que tentam abranger quatro dinâmicas coevolutivas — realidade inorgânica, vida, natureza humana e processo civilizador —, mas também entre os que preferem se restringir tão somente à relação entre as duas primeiras.

Como já foi mencionado, lá nos primórdios, quando a NASA desencadeou as análises coletivas, havia clara tensão entre os participantes das ciências naturais, que se contentariam em abordar a relação planeta/vida, e os que concordavam com a necessidade de que também as dimensões humanas fossem destacadas.

Logo depois, quando a principal arena de tais discussões passou a ser o IGBP, predominou a visão bem mais abran-

---

[52] Deffuant *et al.* (2015) dão diversos exemplos de trabalhos representativos dessas visões em áreas bem diversas. Os mais recentes foram: para a primeira, o de Lesne (2013) na revista *Acta Biotheoretica*; para a segunda, o de Chavalarias e Cointet (2013) na *PLOS ONE*; e para a terceira, o de Aubert e Müller (2013) na *Artificial Intelligence and Law*.
Também são três as visões tipificadas no manifesto da rede Welcome Complexity (2017). Mas só coincidem no que se refere à segunda, resultante do aumento do volume de dados. Na perspectiva dessa rede, a primeira decorreria da necessária multiplicidade de pontos de vista sobre determinado fenômeno, que obriga a um cruzamento de olhares e de disciplinas. E a terceira seria a que se concentra em novas questões matemático-informáticas de fronteira. Nem aparece, neste caso, a importante questão da "subjetividade".

gente, confirmada em 2001 pela Declaração de Amsterdã e, logo depois, pelo histórico livro do IGBP, *Global Change and the Earth System* (Steffen *et al.*, 2004).

No entanto, tudo ficou muito confuso na última década. É verdade que grande parte dos estudos que foram destacados no capítulo 2 deste livro continuaram a privilegiar a visão mais abrangente, com inclusão e ênfase para as dimensões humanas. Por exemplo, os citados estudos liderados por Hans Joachim Schellnhuber, Johan Rockström, Will Steffen, Jonathan Donges, Dieter Gerten, Peter Thornton e Carlos Nobre.

Mas também procede a outra perspectiva, adotada pelo IPCC e, de forma bem mais explícita, na teorização da Ciência do Sistema Terra proposta por Timothy Michael Lenton, ou Tim Lenton, só apresentada neste terceiro capítulo.

Uma conclusão se impõe, então, por mais provisória que seja: tem sido por demais abusivo o argumento de autoridade de muitos dos que se referem ao "Sistema Terra" e, ainda mais, à maturidade de uma "ciência" a ele voltada, a Ciência do Sistema Terra. Há até quem chegue a afirmar que não pode entender a proposta de uma nova Época chamada Antropoceno quem não tenha bom conhecimento sobre tal ciência.

O que a argumentação deste livro sugere é exatamente o contrário: que a proposta de Antropoceno pode ser perfeitamente compreendida por quem tenha conhecimentos básicos sobre a história da Terra, há muito estabelecidos pelas geociências. A aceitação da proposta de nova Época não depende dos futuros avanços do pensamento complexo que poderão dirimir as dúvidas sobre as conexões entre o processo civilizador, a natureza humana, a vida em geral e a realidade inorgânica do planeta.

De resto, o que se ensina em disciplinas intituladas Ciência do Sistema Terra, ou com denominações bem próximas, nada mais é do que a bem tardia integração à Geologia de conhecimentos provenientes da Biologia, que há muito se mostraram imprescindíveis para qualquer interpretação razoável da história da Terra. No mínimo, desde Vladimir Vernadsky. Claro, até é verdade que algumas ementas incluem uma "esfera social" ao final de uma listinha que vai da geosfera à biosfera, passando por atmosfera e hidrosfera. Mas quais conhecimentos sobre essa quinta esfera podem ser transmitidos se, como foi visto acima, as pesquisas de fronteira ainda estão longe de conseguir integrá-la às quatro que são geobiofísicas?

Epílogo
A PROMESSA

A chamada "Ciência do Sistema Terra" teria começado nos anos 1970, com o surgimento da Hipótese Gaia, ou só na década seguinte, com os primeiros esforços de formalização incentivados pela NASA. Praticamente todos os pesquisadores que, desde então, assumiram o desafio no âmbito do IGBP, da ESSP, do Future Earth e do Planetary Boundaries Research Network estão hoje em instituições nacionais de primeira linha espalhadas por ao menos uma dezena de países. O que não impede que permaneça bem incipiente a desejada visão transdisciplinar das quatro dinâmicas históricas da Terra: do planeta, da vida, da natureza humana e da civilização.

Tamanha precariedade depois de quase meio século de pesados investimentos científicos não decorre da qualidade das pesquisas, da clarividência dos pesquisadores que as executam, ou do ambiente institucional em que eles trabalham. Ao contrário, todas as publicações aludidas apontam para um cenário diametralmente oposto: esforços científicos de fronteira têm sido empreendidos em centros de indubitável excelência.

Dúvida intrínseca à elaboração de artigo sobre o desenvolvimento sustentável como primeira utopia do Antropoceno (Veiga, 2017a) acabou por revelar, contudo, uma dificuldade de ordem epistemológica, cujo principal sintoma é a ambiguidade com que os expoentes dessa corrente de pesquisa lidam com a noção de "Sistema Terra". Todos reconhecem que só poderia se tratar de um sistema extremamente complexo, mas, simultaneamente — vítimas de uma espécie de inércia teórica — declaram-se adeptos do pensamento sistêmico e não do pensamento complexo.

Tão séria incoerência poderia ser interpretada como um óbvio indício de obsolescência de um "paradigma sistêmico", sem que outro — por enquanto chamado de "complexidade" ou "conhecimento complexo" — esteja pronto a emergir e superá-lo. Porém, o termo "paradigma" acabou por perder substância ao ser banalizado na confusão provocada por Thomas S. Kuhn e sua "estrutura" das revoluções científicas, inspirada na copernicana (Kuhn, 1957).

Ora, se a referência for tão insigne fato histórico, não se deve esquecer que — de Copérnico (1473-1543) a Galileu (1564-1642), passando por Kepler (1571-1630) — o período revolucionário durou praticamente um século. Então, quando os pesquisadores mais entusiastas de uma hesitante "Ciência do Sistema Terra" a ela se referem como uma segunda revolução copernicana, é bem provável que aí já esteja subentendido (ou no mínimo intuído) que ela vai precisar de ainda mais tempo que sua antecessora.

Tudo indica, então, que a Ciência do Sistema Terra continuará a engatinhar pelo chamado "caminho do meio", tentando equidistância das espirituosas hipóteses Gaia e Medeia, mas muito auxiliada por ambas, porque incitam os pesquisadores a explorar conjecturas mais razoáveis para o que denominam — de forma infelizmente obscura — coevolução entre a vida e o planeta. Quando for possível que tais análises também incluam, com indispensável destaque, a natureza humana e o processo civilizador, aí sim essa ciência poderá decolar.

Não há como fazer, hoje, uma justa avaliação conclusiva da história dos trinta ou quarenta anos em que a Terra passou a ser estudada como sistema singular. Mas já está bem claro o quanto pode ser abusiva, ou mesmo mistificadora, a vinculação da ideia de Antropoceno a um suposto novo paradigma científico que já teria emergido com a dita Ciência do Sistema Terra.

A argumentação deste livro mostra que a nova Época pode ser muito bem (ou até melhor) definida, no âmbito mais restrito da História da Terra, pela singeleza da combinação de conhecimentos sobre a "Grande Aceleração", oriundos da História Ambiental, à estratigrafia do Holoceno.

Em suma, a concepção de Antropoceno — ao contrário do que acontece com a promissora mas ainda não plenamente instituída Ciência do Sistema Terra — em nada depende das atuais incertezas transdisciplinares sobre o conhecimento complexo. Depende, sim, dos profícuos trabalhos conjuntos dos pesquisadores de duas disciplinas científicas há muito bem estabelecidas: a História e a Geologia.

Epílogo: A promessa

REFERÊNCIAS BIBLIOGRÁFICAS

ADAMS, John (2009 [2002]). *Risco*. Tradução de Lenita Esteves. São Paulo: Senac.

ASHBY, W. Ross (1956). *An Introduction to Cybernetics*. Londres: Chapman & Hall.

AUBERT, Sigrid; MÜLLER, Jean-Pierre (2013). "Incorporating Institutions, Norms and Territories in a Generic Model to Simulate the Management of Renewable Resources". *Artificial Intelligence and Law*, v. 21, pp. 47-78.

BERTALANFFY, Ludwig von (1950). "The Theory of Open Systems in Physics and Biology". *Science*, v. 111, jan., pp. 23-29.

BORGES, Ernesto P. (1999). "Irreversibilidade, desordem e incerteza: três visões da generalização do conceito de entropia". *Revista Brasileira de Ensino da Física*, v. 21, n° 4, dez., pp. 453-463.

BRUM, Eliane (2018a). "O mundo precisa de adultos responsáveis, não de otimismo infantilizado. Como fazer para que as pessoas acordem para a mudança climática na época do entretenimento?". *El País*, Brasil, 21 de maio.

_____ (2018b). "Los humanos que son la solución. Sin proteger a los científicos de las selvas, el futuro será todavía más hostil". *El País*, 15 de agosto.

CEBALLOS, Gerardo; EHRLICH, Paul R.; DIRZO, Rodolfo (2017). "Biological Annihilation Via the Ongoing Sixth Mass Extinction Signaled by Vertebrate Population Losses and Declines". *PNAS* (*Proceedings of the National Academy of Sciences*), 1704949114, jul., pp. 1-8.

CAPRA, Fritjof; LUISI, Pier Luigi (2014). *The Systems View of Life*. Cambridge: Cambridge University Press (ed. bras.: *A visão sistêmica da vida: uma concepção unificada e suas implicações filosóficas, políticas, sociais e econômicas*. Tradução de Mayra Teruya Eichemberg e Newton Roberval Eichemberg. São Paulo: Cultrix, 2014).

Referências bibliográficas

CARVALHO, Edgard de Assis (2017). *Espiral de ideias: textos de antropologia fundamental*. São Paulo: Livraria da Física.

CECHIN, Andrei D. (2012). *A natureza como limite da economia: a contribuição de Nicholas Georgescu-Roegen*. São Paulo: Edusp/Senac.

CECHIN, Andrei D.; VEIGA, José Eli da (2010). "A economia ecológica e evolucionária de Nicholas Georgescu-Roegen". *Revista de Economia Política*, v. 30, n° 3 (119), jul.-set., pp. 438-454.

CHAVALARIAS, David; COINTET, Jean-Pierre (2013). "Phylomemetic Patterns in Science Evolution: The Rise and Fall of Scientific Fields". *PLOS ONE*, v. 8, n° 2, fev., e54847.

CIESIN (1992). *Pathways of Understanding: The Interactions of Humanity and Global Environmental Change*. The Consortium for International Earth Science Information Network. University Center, Michigan.

CRIST, Eileen; MORA, Camilo; ENGELMAN, Robert (2017). "The Interaction of Human Population, Food Production, and Biodiversity Protection". *Science*, v. 356, pp. 260-264.

CRUTZEN, Paul J. (2002). "Geology of Mankind". *Nature*, v. 415, jan., p. 23.

CRUTZEN, Paul J.; STOERMER, Eugene F. (2000). "The Anthropocene". *Global Change Newsletter*, maio, p. 17.

CUNHA, Jefferson Adriany Ribeiro da; GENOVESE, Luiz Gonzaga; QUEIROS, Wellington Pereira de (2018). "Das limitações histórico--conceituais das apresentações do conteúdo de entropia nos livros de física do ensino superior a uma nova proposta de ensino fundamentada em fatos históricos". *Acta Scientiae*, v. 20, n° 2, pp. 117-134.

DAWKINS, Richard (2001 [1976]). *O gene egoísta*. Tradução de Geraldo H. M. Florsheim. Belo Horizonte: Itatiaia.

_____ (1983). "Universal Darwinism". In: BENDALL, D. S. (org.). *Evolution from Molecules to Man*. Cambridge: Cambridge University Press, pp. 403-425.

DEFFUANT, Guillaume *et al.* (2015) [BANOS, Arnaud; CHAVALARIAS, David; BERTELLE, Cyrille; BRODU, Nicolas; JENSEN, Pablo; LESNE, Annick; MÜLLER, Jean-Pierre; PERRIER, Édith; VARENNE, Franck]. "Visions de la complexité. Le démon de Laplace dans tous ses états". *Natures Sciences Sociétés*, EDP Sciences, v. 23, n° 1, pp. 42-53.

DELUERMOZ, Quentin (org.) (2014). *Norbert Elias, L'utopie*. Paris: La Découverte (três trabalhos de Elias publicados em inglês, em 2009, no volume XIV de suas obras completas organizadas pela editora do University College Dublin).

DENNETT, Daniel C. (1998). *A perigosa ideia de Darwin*. Tradução de Talita M. Rodrigues. Rio de Janeiro: Rocco.

_____ (1995). "Darwin's Dangerous Idea". *The Sciences*, v. 35, n° 3, pp. 34-40.

DE WEVER, Patrick; FINNEY, Stanley C. (2016). "Antropocène: sujet géologique ou sociétal?". *Le Monde*, 14 de setembro.

DONGES, Jonathan F. *et al.* (2017) [WINKELMANN, Ricarda; LUCHT, Wolfgang; CORNELL, Sarah E.; DYKE, James G.; ROCKSTRÖM, Johan; HEITZIG, Jobst; SCHELLNHUBER, Hans Joachim]. "Closing the Loop: Reconnecting Human Dynamics to Earth System Science". *The Anthropocene Review*, v. 42, n° 2, ago., pp. 151-157.

DOOLITTLE, W. Ford (2017). "Darwinizing Gaia". *Journal of Theoretical Biology*, v. 434, pp. 11-19.

DUPUY, Jean-Pierre (2011 [2009]). *O tempo das catástrofes: quando o impossível é uma certeza*. Tradução de Lilian Ledon da Silva. São Paulo: É Realizações.

DURHAM, William H. (1991). *Coevolution: Genes, Culture, and Human Diversity*. Stanford: Stanford University Press.

DYKE, James; LENTON, Tim (2018). "Scientists Finally Have An Explanation for the 'Gaia Puzzle'". *The Conversation*, 2 de julho (<https://theconversation.com/scientists-finally-have-an-explanation-for-the--gaia-puzzle-99153>).

EHRLICH, Paul R.; RAVEN, Peter H. (1964). "Butterflies and Plants: A Study in Coevolution". *Evolution*, v. 18, n° 4, pp. 586-608.

ELIAS, Norbert (1994 [1939]). *O processo civilizador*. Tradução de Ruy Jungmann. Rio de Janeiro: Zahar.

_____ (1990 [1968]). "Introdução à edição de 1968". Apêndice ao primeiro volume de *O processo civilizador*. Rio de Janeiro: Zahar, pp. 206-241.

ELKINGTON, John (2018). "25 Years Ago I Coined the Phrase "Triple Bottom Line. Here's Why It's Time to Rethink It". *Harvard Business Review*, 25 de junho (<https://hbr.org/2018/06/25-years-ago-i-coined-the-phrase-triple-bottom-line-heres-why-im-giving-up-on-it>).

_____ (2011 [1997]). *Sustentabilidade: canibais com garfo e faca*. Tradução de Laura Prades Veiga. São Paulo: M. Books.

ELLIS, Erle C. (2013). "Overpopulation Is Not the Problem". *The New York Times*, 13 de setembro.

ENGLAND, Jeremy L. (2015). "Dissipative Adaptation in Driven Self--Assembly". *Nature Nanotechnology*, v. 10, nov., pp. 919-923.

FINNEY, Stanley C.; EDWARDS, Lucy E. (2016). "The 'Anthropocene' Epoch: Scientific Decision or Political Statement?". *GSA Today*, v. 26, n° 3-4, pp. 4-10.

FRANÇA, COMMISSARIAT GÉNÉRAL AU DÉVELOPPEMENT DU-RABLE (2018). *Modes de vie et pratiques environnementales des Français*. Paris: Ministère de la Transition Écologique et Solidaire. Coleção THEMA, n° 3, abr.

FUTURE EARTH (2014). *Future Earth Strategic Research Agenda*. Paris: International Council for Science (ICSU) (<http://futureearth.org/media/strategic-research-agenda-2014>).

GAIM (GLOBAL ANALYSIS, INTEGRATION, AND MODELLING TASK FORCE), IGBP (2002). "The GAIM Earth System Questions". *Global Change Newsletter*, n° 50, jun., p. 9.

GEORGESCU-ROEGEN, Nicholas (2013 [1979]). *O decrescimento: entropia, ecologia, economia*. Tradução de Maria José Perillo Isaac. São Paulo: Senac.

GERTEN, Dieter; SCHÖNFELD, Martin; SCHAUBERGER, Bernhard (2018). "On Deeper Human Dimensions in Earth System Analysis And Modelling". *Earth System Dynamics*, v. 9, jun., pp. 849-863.

GUNZIG, Edgard (2008). *Que faisiez-vous avant le Big Bang?* Paris: Odile Jacob.

HALÉVY, Marc (2017). *Un autre regard sur la physique*. Paris: Bookelis.

HAMILTON, Clive (2017). *Defiant Earth: The Fate of Humans in the Anthropocene*. Cambridge: Polity.

HARARI, Yuval Noah (2018 [2018]). *21 lições para o século 21*. Tradução de Paulo Geiger. São Paulo: Companhia das Letras.

_____ (2016 [2015]). *Homo Deus: uma breve história do amanhã*. Tradução de Paulo Geiger. São Paulo: Companhia das Letras.

_____ (2015 [2011]). *Sapiens: uma breve história da humanidade*. Tradução de Janaína Marcoantônio. Porto Alegre: LP&M.

HIDALGO, César (2016). *Why Information Grows: The Evolution of Order, from Atoms to Economies*. Nova York: Basic Books.

HODGSON, Geoffrey M. (2008). "Darwinismo e ciências sociais: um diálogo possível". Entrevista a José Eli da Veiga. *Estudos Avançados*, v. 22, n° 63, São Paulo, pp. 271-280.

_____ (2006). *Economics in the Shadows of Darwin and Marx: Essays on Institutional and Evolutionary Themes*. Cheltenham: Edward Elgar Publishing.

_____ (2002). "Darwinism in Economics: From Analogy to Ontology". *Journal of Evolutionary Economics*, v. 12, pp. 259-281.

HODGSON, Geoffrey M.; KNUDSEN, Thorbjorn (2010). *Darwin's Conjecture: The Search for General Principles of Social and Economic Evolution*. Chicago: The University of Chicago Press.

_____ (2006a). "The Nature and Units of Natural Selection". *Journal of Evolutionary Economics*, v. 16, n° 5, pp. 477-489.

_____ (2006b). "Dismantling Lamarckism: Why Descriptions of Socio-Economic Evolution as Lamarckian are Misleading". *Journal of Evolutionary Economics*, v. 16, n° 4, pp. 343-366.

IPCC (2014). *Climate Change 2014: Synthesis Report*. Contribution of Working Groups I, II and III to the Fifth Assessment Report of the Intergovernmental Panel on Climate Change. K. Pachauri e L. A. Meyer (orgs.). Genebra: IPCC.

KUHN, Thomas S. (1962). *The Structure of Scientific Revolutions*. Chicago: University of Chicago Press.

_____ (1957). *The Copernican Revolution: Planetary Astronomy in the Development of Western Thought*. Cambridge, MA: Harvard University Press.

LANE, Nick (2015). *The Vital Question: Why Is Life the Way It Is?* Londres: Profile Books.

LENTON, Timothy M. *et al.* (2018) [DAINES, Stuart J.; DYKE, James G.; NICHOLSON, Arwen E.; WILKINSON, David M.; WILLIAMS, Hywel T. P.]. "Selection for Gaia Across Multiple Scales". *Trends in Ecology & Evolution*, v. 33, n° 8, ago., pp. 633-645.

LENTON, Tim (2016). *Earth System Science: A Very Short Introduction*. Oxford: Oxford University Press.

LE ROY LADURIE, Emmanuel (1988 [1967]). *Times of Feast, Times of Famine: A History of Climate Since the Year 1000*. Nova York: Farrar, Straus & Giroux.

LESNE, Annick (2013). "Multiscale Analysis of Biological Systems". *Acta Biotheoretica*, v. 61, pp. 3-19.

Referências bibliográficas

LLOYD, Seth (2006). *Programming the Universe: A Quantum Computer Scientist Takes on the Cosmos*. Nova York: Vintage Books.

LOPES, Reinaldo José (2014). *Os 11 maiores mistérios do universo*. São Paulo: Abril/Superinteressante.

LORIMER, Jamie (2016). "The Anthropo-Scene: A Guide for the Perplexed". *Social Studies of Science*, v. 47, nº 1, fev., pp. 117-142.

LOVELOCK, James E. (2009). *The Vanishing Face of Gaia*. Nova York: Basic Books (ed. bras.: *Gaia: alerta final*. Tradução de Jesus de Paula Assis e Vera de Paula Assis. Rio de Janeiro: Intrínseca, 2010).

_____ (1972). "Gaia as Seen Through the Atmosphere". *Atmospheric Environment*, v. 6, nº 8, pp. 579-580.

LOVELOCK, James; MARGULIS, Lynn (1973). "Atmospheric Homeostasis by and for the Biosphere: The Gaia Hypothesis". *Tellus*, v. 26, pp. 2-10.

MALHI, Yadvinder (2017). "The Concept of the Anthropocene". *Annual Review of Environment and Resources*, v. 42, pp. 77-104.

McNEILL, J. R.; ENGELKE, Peter (2014). *The Great Acceleration: An Environmental History of the Anthropocene since 1945*. Cambridge, MA: Harvard University Press.

MALONE, T. C.; ROEDERER, J. G. (orgs.) (1985). *Global Change*. Cambridge: Cambridge University Press.

MARGULIS, Lynn; LOVELOCK, James E. (1974). "Biological Modulation of the Earth's Atmosphere". *Icarus*, v. 21, nº 4, pp. 471-489.

MAYR, Ernst (2006 [1991]). *Uma ampla discussão: Charles Darwin e a gênese do moderno pensamento evolucionário*. Tradução de Antonio Carlos Bandouk. Ribeirão Preto: Funpec.

_____ (2005 [2004]). *Biologia, ciência única: reflexões sobre a autonomia de uma disciplina científica*. Tradução de Marcelo Leite. São Paulo: Companhia das Letras.

_____ (2001). *What Evolution Is*. Nova York: Basic Books.

_____ (1988). *Toward a New Philosophy of Biology: Observations of an Evolucionist*. Londres: The Belknap Press of Harvard University Press.

MAZOYER, Marcel; ROUDART, Laurence (2010 [1997]). *História das agriculturas no mundo: do neolítico à crise contemporânea*. Tradução de Cláudia F. F. B. Ferreira. São Paulo: Editora Unesp.

MEADOWS, Donella H. *et al.* (1972) [MEADOWS, Dennis L.; RANDERS, Jorgen; BEHRENS III, William W.]. *The Limits to Growth*. Nova York: Universe Books.

MEADOWS, Donella H.; MEADOWS, Dennis L.; RANDERS, Jorgen (2004). *Limits to Growth: The 30-Year Update*. Vermont: Chelsea Green Publishing Company.

_____ (1992). *Beyond the Limits*. Vermont: Chelsea Green Publishing Company.

MOONEY, Harold A.; DURAIAPPAH, Anantha; LARIGAUDERIE, Anne (2013). "Evolution of Natural and Social Science Interactions in Global Change Research Programs". *PNAS* (*Proceedings of the National Academy of Sciences*), v. 110, suppl., fev., pp. 3665-3672.

MORIN, Edgar (2017). *Connaissance, ignorance, mystère*. Paris: Fayard.

_____ (2015). *L'aventure de la méthode*. Paris: Seuil.

_____ (2008). *La méthode*. Coleção Opus. Paris: Seuil. Edição conjunta dos seis tomos: (1977a) *La nature de la nature* (t. 1); (1980) *La vie de la vie* (t. 2); (1986) *La connaissance de la connaissance* (t. 3); (1991) *Les idées* (t. 4); (2001) *L'humanité de l'humanité* (t. 5); (2004) *L'éthique* (t. 6) (ed. bras. em seis tomos: *O método*, tradução de Ilana Heineberg [t. 1], Marina Lobo [t. 2] e Juremir Machado da Silva [t. 3, 4, 5, 6]. Porto Alegre: Sulina, 2005).

_____ (1990). *Science avec conscience*. Coleção Points. Paris: Fayard/ Seuil (edição modificada do livro lançado em 1982).

_____ (1977b). *Le système, paradigme ou/et théorie*. Conferência inaugural do Congresso AFCET (Associação Francesa para a Cibernética Econômica e Técnica), Versalhes, 21 de novembro de 1977. In: Morin (1990), pp. 239-255.

_____ (1959). *Autocritique*. Paris: Seuil.

NASA (1988). *Earth System Science: A Closer View*. Washington D.C.: National Aeronautics and Space Administration.

_____ (1986). *Earth System Science: Overview*. Washington D.C.: National Aeronautics and Space Administration.

NOBRE, Carlos *et al.* (2010) [BRASSEUR, Guy P.; SHAPIRO, Melvyn A.; LAHSEN, Myanna; BRUNET, Gilbert; BUSALACCHI, Antonio J.; HIBBARD, Kathy; SEITZINGER, Sybil; NOONE, Kevin; OMETTO, Jean P.]. "Addressing the Complexity of the Earth System". *Bulletin of the American Meteorological Society*, v. 91, n° 10, out., pp. 1389-1396.

NORBERG, Johan (2017 [2016]). *Progresso: dez razões para acreditar no futuro*. Tradução de Alessandra Bonrruquer. Rio de Janeiro: Record.

NORDHAUS, Ted (2018). "The Earth's Carrying Capacity for Human Life is Not Fixed". *Aeon*, 5 de julho (<https://aeon.co/ideas/the-earths-carrying-capacity-for-human-life-is-not-fixed>).

NORDHAUS, Ted; SHELLENBERGER, Michael; BLOMQVIST, Linus (2012). *The Planetary Boundaries Hypothesis: A Review of the Evidence*. Oakland: The Breakthrough Institute.

O'NEILL, Daniel W. *et al.* (2018) [FANNING, Andrew L.; LAMB, William F.; STEINBERGER, Julia K.]. "A Good Life for All Within Planetary Boundaries". *Nature Sustainability*, v. 1, fev., pp. 88-95.

ORESKES, Naomi; CONWAY, Erik M. (2014). *The Collapse of Western Civilization: A View From the Future*. Nova York: Columbia University Press.

_____ (2010). *The Merchants of Doubt: How a Handful of Scientists Obscured the Truth on Issues from Tobacco Smoke to Global Warming*. Nova York: Bloomsbury Press.

PARKER, Geoffrey (2017 [2013]). *Global Crisis: War, Climate Change and Catastrophe in the Seventeenth Century*. New Haven: Yale University Press.

_____ (2008). "Crisis and Catastrophe: The Global Crisis of the Seventeenth Century Reconsidered". *The American Historical Review*, v. 113, nº 4, pp. 1053-1079.

PESSOA JR., Osvaldo (2013). "Emergência e redução: uma introdução histórica e filosófica". *Ciência e Cultura*, v. 65, nº 4, SBPC, pp. 22-26.

PICHOT, André (2008). *Aux origines des théories raciales: de la Bible à Darwin*. Paris: Flammarion.

PINKER, Steven (2018). *Enlightenment Now: The Case for Reason, Science, Humanism and Progress*. Nova York: Viking Press (ed. bras.: *O novo Iluminismo: em defesa da razão, da ciência e do humanismo*. Tradução de Laura Teixeira Motta e Pedro Maia Soares. São Paulo: Companhia das Letras, 2018).

_____ (2012). "The False Allure of Group Selection". *Edge*, 19 de junho (<http://edge.org/conversation/the-false-allure-of-group-selection>).

_____ (2011). *The Better Angels of Our Nature: How Violence Has Declined*. Nova York: Viking Press (ed. bras.: *Os anjos bons da nossa natureza: por que a violência diminuiu*. Tradução de Bernardo Joffily e Laura Teixeira Motta. São Paulo: Companhia das Letras, 2017).

_____ (2002). *The Blank Slate: The Modern Denial of Human Nature*. Nova York: Viking Press (ed. bras.: *Tábula rasa: a negação contemporânea da natureza humana*. Tradução de Laura Teixeira Motta. São Paulo: Companhia das Letras, 2004).

RANDERS, Jorgen *et al.* (2018a) [ROCKSTRÖM, Johan; STOKNES, Per-Espen; GOLUKE, Ulrich; COLLSTE, David; CORNELL, Sarah; DONGES, Jonathan]. "Achieving the 17 Sustainable Development Goals within 9 Planetary Boundaries" (versão de 3 de dezembro de 2018). Non-peer reviewed preprint submitted to EarthArXiv: <https://doi.org/10.31223/osf.io/xwevb>.

_____ (2018b) [ROCKSTRÖM, Johan; STOKNES, Per-Espen; GOLUKE, Ulrich; COLLSTE, David; CORNELL, Sarah]. *Transformation is Feasible: How to Achieve the Sustainable Development Goals within Planetary Boundaries* (relatório ao Clube de Roma realizado por Stockholm Resilience Centre e BI Norwegian Business School), 17 de outubro, 58 p.

RAWORTH, Kate (2017). *Doughnut Economics: Seven Ways to Think Like a 21st Century Economist*. Nova York: Random House.

_____ (2012). *A Safe and Just Space for Humanity: Can We Live Within the Doughnut?* Oxford: Oxfam.

REES, Martin (2005 [2003]). *Hora final: alerta de um cientista*. Tradução de Maria Guimarães. São Paulo: Companhia das Letras.

ROCKSTRÖM, Johan *et al.* (2009a) "A Safe Operating Space for Humanity". *Nature*, v. 461, set., pp. 472-475.

_____ (2009b). "Planetary Boundaries: Exploring the Safe Operating Space For Humanity". *Ecology and Society*, v. 14, n° 2, art. 32.

ROSLING, Hans; ROSLING, O.; ROSLING RÖNNLUND, A. (2018). *Factfulness: Ten Reasons We're Wrong About the World — And Why Things Are Better Than You Think*. Nova York: Flatiron Books.

ROUSSEAU, David (2017). "Systems Research and the Quest for Scientific Systems Principles". *Systems*, v. 5, n° 25, pp. 1-16.

ROUSSEAU, David *et al.* (2018) [WILBY, Jennifer; BILLINGHAM, Julie; BLACHFELLNER, Stefan]. *General Systemology: Transdisciplinarity for Discovery, Insight and Innovation*. Cingapura: Springer.

Referências bibliográficas

_____ (2016). "Manifesto for General Systems Transdisciplinarity". *Systema*, v. 4, n° 1, Special Issue: General Systems Transdisciplinarity, pp. 4-14.

SCHELLNHUBER, Hans Joachim (1999). "'Earth System' Analysis and the Second Copernican Revolution". *Nature*, v. 402, suppl., dez., C19-C23.

SEITZINGER, Sybil P. *et al.* (2015). "International Geosphere-Biosphere Programme and Earth System Science: Three Decades of Co-Evolution". *Anthropocene*, v. 12, dez., pp. 3-16.

STEFFEN, Will *et al.* (2018) [ROCKSTRÖM, Johan; RICHARDSON, Katherine; LENTON, Timothy M.; FOLKE, Carl; LIVERMAN, Diana; SUMMERHAYES, Colin P.; BARNOSKY, Anthony D.; CORNELL, Sarah E.; CRUCIFIX, Michel; DONGES, Jonathan F.; FETZER, Ingo; LADE, Steven J.; SCHEFFER, Marten; WINKELMANN, Ricarda; SCHELLNHUBER, Hans Joachim]. "Trajectories of the Earth System in the Anthropocene". *PNAS* (*Proceedings of the National Academy of Sciences*), v. 115, n° 33, ago., pp. 8252-8259 (<www.pnas.org/cgi/doi/10.1073/pnas.1810141115>).

_____ (2015) [RICHARDSON, Katherine; ROCKSTRÖM, Johan; CORNELL, Sarah E.; FETZER, Ingo; BENNETT, Elena M.; BIGGS, Reinette; CARPENTER, Stephen R.; DE VRIES, Wim; WIT, Cynthia A. de; FOLKE, Carl; GERTEN, Dieter; HEINKE, Jens; MACE, Georgina M.; PERSSON, Linn M.; RAMANATHAN, Veerabhadran; REYERS, Belinda; SÖRLIN, Sverker]. "Planetary Boundaries: Guiding Human Development on a Changing Planet". *Science*, v. 347, n° 6223, fev. (full text: 1259855.1-10).

_____ (2011) [GRINEVALD, Jacques; CRUTZEN, Paul; MCNEILL, John]. "The Anthropocene: Conceptual and Historical Perspectives". *Philosophical Transactions of the Royal Society*, A, v. 369, n° 1938, mar., pp. 842-867.

_____ (2004). *Global Change and the Earth System: A Planet Under Pressure*. The IGBP Series. Cingapura: Springer.

STEFFEN, Will; CRUTZEN, Paul J.; McNEILL, John R. (2007). "The Anthropocene: Are Humans Now Overwhelming the Great Forces of Nature?". *Ambio*, v. 36, n° 8, dez., pp. 614-621.

THORNTON, Peter E. *et al.* (2017). "Biospheric Feedback Effects in a Synchronously Coupled Model of Human and Earth Systems". *Nature Climate Change*, v. 7, jul., pp. 496-501.

TORT, Patrick (2017). *Darwin et le darwinisme*. Coleção Que Sais-Je. 6ª ed. corrigida. Paris: PUF (1ª ed., 2005).

_____ (2016). *Qu'est-ce que matérialisme? Introduction à l'analyse des complexes discursifs*. Paris: Belin.

_____ (2014). "Faustino Cordón et la naissance de l'unité dans le champ biologique". In: CUNCHILLOS, Chomin. *Les voies de l'émergence: introduction à la théorie des unités de niveau d'integration*. Paris: Belin, pp. 7-19.

_____ (2008). *L'effet Darwin: sélection naturelle et naissance de la civilisation*. Paris: Seuil.

_____ (2002). *La seconde révolution darwinienne: biologie évolutive et théorie de la civilization*. Paris: Kimé.

TYRRELL, Toby (2013). *On Gaia: A Critical Investigation of the Relationship between Life and Earth*. Princeton: Princeton University Press.

VEIGA, José Eli da (2017a). "A primeira utopia do Antropoceno". *Ambiente & Sociedade*, São Paulo, v. 20, nº 2, abr.-jun., pp. 233-252.

_____ (2017b). *Amor à ciência: ensaios sobre o materialismo darwiniano*. São Paulo: Senac.

_____ (2013). *A desgovernança mundial da sustentabilidade*. São Paulo: Editora 34 (e-book em inglês: Anadarco, 2014).

_____ (org.) (2012). *Gaia: de mito a ciência*. São Paulo: Senac.

WARD, Peter; KIRSCHVINK, Joe (2015). *A New History of Life: The Radical New Discoveries About the Origins and Evolution of Life on Earth*. Londres: Bloomsbury.

WARD, Peter (2009). *The Medea Hypothesis*. Princeton: Princeton University Press.

WARD, Peter; BROWNLEE, Donald (2000). *Rare Earth: Why Complex Life Is Uncommon in the Universe*. Nova York: Copernicus.

WATERS, Colin N. *et al.* (2018). "Global Boundary Stratotype Section and Point (GSSP) for the Anthropocene Series: Where and How to Look for Potential Candidates". *Earth-Science Reviews*, v. 178, mar., pp. 379-429.

_____ (2016). "The Anthropocene is Functionally and Stratigraphically Distinct from the Holocene". *Science*, v. 351, nº 6269, jan.

WELCOME COMPLEXITY (2017). *Agir et penser en complexité: manifesto*, 1ª ed.: <https://www.welcome-complexity.org/>.

WILSON, Edward O. (2016). *Half-Earth: Our Planet's Fight for Life*. Nova York: W. W. Norton.

_____ (2013 [2012]). *A conquista social da Terra*. Tradução de Ivo Korytowski. São Paulo: Companhia das Letras.

_____ (1981 [1978]). *Da natureza humana*. Tradução de Geraldo Florsheim e Eduardo D'Ambrosio. São Paulo: T. A. Queiroz/Edusp.

_____ (1975). *Sociobiology: The New Synthesis*. Cambridge, MA: Harvard University Press.

_____ (1971). *The Insect Societies*. Cambridge, MA: Harvard University Press.

ZALASIEWICZ, Jan *et al.* (2017). "The Working Group on the Anthropocene: Summary of Evidence and Interim Recommendations". *Anthropocene*, v. 19, set., pp. 55-60.

_____ (2016). "Scale and Diversity of the Physical Technosphere: A Geological Perspective". *The Anthropocene Review*, online 28 nov. 2016, publicado em abr. 2017, v. 4, nº 1, pp. 9-22.

_____ (2010) [WILLIAMS, Mark; STEFFEN, Will; CRUTZEN, Paul]. "The New World of the Anthropocene". *Environmental Science & Technology*, v. 44, nº 7, fev., pp. 2228-2231.

_____ (2008). "Are We Now Living in the Anthropocene?". *GSA Today*, v. 18, nº 2, fev., pp. 4-8.

ZHANG, David D. *et al.* (2007) [BRECKE, Peter; LEE, Harry F.; HE, Yuan-Qing; ZHANG, Jane]. "Global Climate Change, War, and Population Decline in Recent Human History". *PNAS (Proceedings of the National Academy of Sciences)*, v. 104, nº 49, dez., pp. 19214-19219.

AGRADECIMENTOS

Ressaltando que eventuais erros, falhas e lapsos deste livro são de sua inteira responsabilidade, o autor faz questão de agradecer:

À generosidade, ao desprendimento e à paciência da dileta amiga Sonia Barros de Oliveira, professora-titular do Instituto de Geociências da Universidade de São Paulo (IG-USP), que aceitou discutir textos preliminares editados e reeditados para o segundo capítulo deste livro; que deu decisivas contribuições a vários dos seminários da "Série 2018" no Instituto de Energia e Ambiente da Universidade de São Paulo (IEE-USP); e que foi a grande protagonista, ao lado do jornalista Reinaldo José Lopes, da "Conversa sobre o Antropoceno" de 24 de abril de 2018, no Instituto de Estudos Avançados da Universidade de São Paulo (IEA-USP) (<https://www.youtube.com/watch?v=pqd1vjZWH98>). As ressalvas críticas que Sonia certamente terá a várias passagens deste livro são garantia da continuidade de nossos diálogos sobre temas que deveriam merecer bem mais atenção, dentro e fora do muros da academia.

À curiosidade, ao empenho e ao afinco dos participantes da "Série de Seminários sobre o Antropoceno", de março e abril de 2018 no Instituto de Energia e Ambiente da Universidade de São Paulo (IEE-USP), com destaque para Cristina Maria do Amaral Azevedo (Kitty), mestre em Ciência Ambiental pela USP e servidora pública do sistema governamental de meio ambiente; Luciana Castilla, aluna do Programa de Pós-Graduação em Ciência Ambiental da Universidade se São Paulo (PROCAM/IEE-USP); e José Guilherme Pereira Leite, doutorando do Programa de Pós-Graduação em Filosofia da Universidade de São Paulo (DF/FFLCH-USP) e professor da Escola da Cidade.

Por último, mas não menos importante, à presteza e precisão com que Eveline de Abreu (<textoecontexto.tec@gmail.com>) revisou a versão preliminar, assim como à atenção e competência com que Paulo Malta conduziu a edição final deste livro.

SOBRE O AUTOR

José Eli da Veiga é professor sênior do Instituto de Estudos Avançados da Universidade de São Paulo (IEA-USP). Por trinta anos (1983-2012) foi docente do Departamento de Economia da Faculdade de Economia, Administração e Contabilidade da USP (FEA-USP), onde obteve o título de professor titular em 1996. É colunista do jornal *Valor Econômico*, da revista *Página22* e da Rádio USP. Tem 30 livros publicados e mantém uma página web:

www.zeeli.pro.br

Livros publicados:

História da ciência
O Antropoceno e as Humanidades. São Paulo: Editora 34, 2023, 208 p.
O Antropoceno e a Ciência do Sistema Terra. São Paulo: Editora 34, 2019, 152 p.
Amor à ciência: ensaios sobre o materialismo darwiniano. São Paulo: Editora Senac, 2017, 120 p.
Gaia: de mito a ciência (org.). São Paulo: Editora Senac, 2012, 176 p.
Transgênicos: sementes da discórdia (org.). São Paulo: Editora Senac, 2007, 176 p.

Sustentabilidade
Para entender o desenvolvimento sustentável. São Paulo: Editora 34, 2015, 232 p.
A desgovernança mundial da sustentabilidade. São Paulo: Editora 34, 2013, 152 p. (e-book em inglês: *The Global Disgovernance of Sustainability*, tradução de Erik Giersiepen, Anadarco, 2014).
O imbróglio do clima: ciência, política e economia (org.). São Paulo: Editora Senac, 2014, 168 p.
Os estertores do Código Florestal. Campinas: Autores Associados, 2013, 96 p.

Energia eólica (org.). São Paulo: Editora Senac, 2012, 216 p.

Energia nuclear: do anátema ao diálogo (org.). São Paulo: Editora Senac, 2012, 136 p.

Sustentabilidade: a legitimação de um novo valor. São Paulo: Editora Senac, 2010, 160 p.

Mundo em transe: do aquecimento global ao ecodesenvolvimento. Campinas: Autores Associados, 2009, 120 p.

Economia socioambiental (org.). São Paulo: Editora Senac, 2009, 384 p.

Desenvolvimento sustentável: o desafio do século XXI. Rio de Janeiro: Garamond, 3ª ed., 2008, 224 p. (1ª ed., 2005).

Aquecimento global: frias contendas científicas (org.). São Paulo: Editora Senac, 2008, 120 p.

Desenvolvimento sustentável: que bicho é esse? (com Lia Zatz). Campinas: Autores Associados, 2008, 96 p.

A emergência socioambiental. São Paulo: Editora Senac, 2007, 144 p.

Meio ambiente & desenvolvimento. São Paulo: Editora Senac, 2006, 184 p.

Ciência ambiental: primeiros mestrados (org.). São Paulo: Fapesp/Annablume, 1998, 352 p.

Ruralidade, agricultura e território

O desenvolvimento agrícola: uma visão histórica. São Paulo: Edusp, 2ª ed., 2007, 240 p. (1ª ed., São Paulo: Edusp/Hucitec, 1991).

Cidades imaginárias: o Brasil é menos urbano do que se calcula. Campinas: Autores Associados, 2ª ed., 2003, 304 p. (1ª ed., Brasília: Núcleo de Estudos Agrários e Desenvolvimento Rural, 2001).

O Brasil rural precisa de uma estratégia de desenvolvimento. Brasília: Núcleo de Estudos Agrários e Desenvolvimento Rural, 2001, 104 p.

Do global ao local. Campinas: Autores Associados, 2005, 120 p.

A história não os absolverá. Nem a geografia. Campinas: Autores Associados, 2005, 136 p.

A face rural do desenvolvimento: natureza, território e agricultura. Porto Alegre: Editora da UFRGS, 2000, 200 p.

Agricultura sustentável: subsídios para a elaboração da Agenda 21 brasileira (org.). Brasília: Ministério do Meio Ambiente/Ibama/Consórcio Museu Emílio Goeldi, 2000.

Metamorfoses da política agrícola dos EUA. São Paulo: Fapesp/Annablume, 1994, 208 p.

A reforma que virou suco: uma introdução ao dilema agrário do Brasil. Petrópolis: Vozes, 1990, 160 p.

O que é reforma agrária (14 edições). São Paulo: Brasiliense, 1ª ed., 1981, 88 p.

Sobre o autor

ÍNDICE REMISSIVO

Abreu, Eveline de, 137
Acádia, 18
Ação efetiva, 47
Acesso a água potável, 24, 25, 49, 74, 82
Acidificação dos oceanos, 24, 25, 27
Acoplamento (*coupling*), 81, 83
Acoplamento bidirecional (*two-way coupling*), 111
Acta Biotheoretica, 118
Adams, John, 23
Adaptabilidade humana, 26, 49, 84
Aeon, 54
Aerossóis, 84
África, 8, 49, 51, 84
Agenda 2030 para o Desenvolvimento Sustentável, 24, 36, 53, 55, 87
Agente geológico, 61, 62
Agentes, 82, 86, 117
Agricultura, 9, 12, 32, 74, 85
Água, 24, 25, 42, 49, 74, 81, 96, 97, 102, 110
AIEA (Agência Internacional de Energia Atômica), 44
Albedo, 61
Alemanha, 17, 30, 50
Algas, 39

Alimento, 24, 25, 49, 53, 84
Alliance of World Scientists, 52
Ambio, 58
América do Norte, 84
América Latina, 84
Amônia, 33, 110
Annual Review of Environment and Resources, 59
Antártida, 75, 80
Anthropocene, 66
Antropo-cena (*Anthropo-scene*), 20, 23
Antropoceno, 11, 13, 17, 18, 19, 20, 21, 23, 26, 28, 29, 30, 31, 32, 33, 34, 44, 56, 57, 58, 59, 60, 61, 62, 63, 69, 75, 76, 77, 78, 79, 80, 92, 113, 119, 121, 123, 137
Antropocentrismo, 21, 22, 47
Apocalipse, 48, 52
Apollo 17, 36
Aproximação das ciências, 93, 106, 107
Aptidão inclusiva, 107
Aquecimento global, 17, 19, 24, 25, 39, 45, 50, 53, 77, 78, 79
AR5 (Quinto Relatório do IPCC), 82, 83
Armagedom, 18, 47
Armas nucleares, 44, 45, 48, 52

Índice remissivo

141

Ártico, 75
Artificial Intelligence and Law, 118
Ashby, William Ross, 116
Ásia, 12, 50, 84
Astenosfera, 112
Asteroide, 41
Astronomia, 11
Atmosfera, 27, 32, 39, 40, 41, 45, 83, 84, 86, 110, 111, 112, 120
Átomo, 96, 112, 114, 115
Aubert, Sigrid, 118
Aufgehoben, 104
Austrália, 9, 84
Auto-organização, 95, 98
Autopoiese, 98
Autorregulação, 25, 37, 38, 39, 65, 71, 72, 90, 91, 110, 111
AWG (Anthropocene Working Group), 59, 60
Azevedo, Cristina Maria do Amaral, 137
Bactérias, 41, 42
Bakhtin, Mikhail, 104
Bangladesh, 103
Barragens, 27
Behavioral Ecology, 107
Bem-estar, 36, 85
Bertalanffy, Ludwig von, 69, 115
Biodiversidade, 24, 25, 27, 32, 41, 44, 45, 46, 47, 48, 50, 64
Biogeoquímica, 45, 84, 86
Biologia evolucionária, 107
Biologia, 11, 22, 43, 54, 86, 90, 97, 99, 106, 107, 115, 120
Biomassa, 40, 41
Biosfera, 18, 27, 29, 33, 36, 40, 41, 43, 46, 53, 54, 66, 67, 68, 78, 82, 91, 92, 111, 120
Biota, 35, 41, 44, 111

BIRD (Banco Internacional para Reconstrução e Desenvolvimento), 48
Blue marble, 36
Bolin, Bert R. J., 67
Boulding, Kenneth, 69, 95
Bretherton, Francis Patton, 43, 45, 64, 93, 111
Bretton Woods, 48
British Journal for the Philosophy of Science, 69
Brum, Eliane, 49
Buracos negros, 42
Caça, coleta e pesca, 12, 17, 31
Calendário gregoriano, 30, 59
Camada de ozônio, 17, 24, 25, 27, 28, 52
Capacidade de suporte, 46, 48, 54, 55
Capra, Fritjof, 91
Carbono, 27, 39, 50, 58, 78, 80, 83, 84
Carrying capacity (ver Capacidade de suporte)
Carvalho, Edgard de Assis, 64, 101
Carvão, 33
Castilla, Luciana, 137
Catastrofismo, 47, 48, 52
CCST (Centro de Ciência do Sistema Terrestre do INPE), 21
Ceballos, Gerardo, 46, 47
Center for Macroecology, Evolution and Climate (Copenhague), 21
Centre for Systems Philosophy, 70
Chavalarias, David, 118
Cibernética, 91, 97, 99, 116
Ciclo de nitrogênio, 27, 48, 83
Ciclo do carbono, 27, 83, 84
Ciclos biogeoquímicos, 27, 45, 48

Ciência de sistemas, 71
Ciência do Sistema Terra, 63, 68, 79, 80, 90, 108, 109, 110, 119, 121, 122, 123
Ciência e Cultura, 99
Ciência, 21, 28, 31, 36, 37, 54, 57, 66, 67, 71, 72, 76, 80, 94, 97, 99, 101, 106, 107, 109, 111, 119
Ciências geológicas (ver Geociências)
Ciências humanas, 28, 33, 48, 78, 118
Ciências naturais, 28, 33, 37, 43, 47, 58, 67, 80, 93, 118
Ciências sociais, 54, 67, 78, 80
CIESIN (Consortium for International Earth Science Information Network), 64
Cinco "pês", 37
Cingapura, 50
Circuitos de retorno, 26
Clonagem, 103
Coadaptação, 90
Coeficiente de reflexão, 61
Coevolução, 38, 81, 90, 91, 93, 110, 122
Cointet, Jean-Pierre, 118
College of Life and Environmental Sciences (Exeter), 21
Combustíveis fósseis, 34, 50, 53, 74, 80, 82
Comissão Estratigráfica da Sociedade Geológica de Londres, 59
Complexidade, 26, 82, 98, 99, 100, 102, 103, 106, 116, 117, 122
Computação, 43, 101
Condição humana, 100
Confirmação geológica, 58

Congresso Internacional de Geologia, 29
Conotação teleológica ou finalista, 91
Consumismo, 53, 55
Conway, Erik M., 57
Copérnico, Nicolau, 73, 93, 122
Corais, 61
Cosmólogos, 42, 43
Crise Global do Século XVII, 19
Crises civilizacionais, 18
Crist, Eileen, 53
Crutzen, Paul, 17, 28, 29, 31, 32, 34, 57, 58, 69, 71, 72, 76, 91
Darwin, Charles, 34, 35, 38, 90, 91, 92, 93, 95, 105, 106, 107, 109
Darwinianas, 107
Dawkins, Richard, 34
De Wever, Patrick, 63
Declaração de Amsterdã, 64, 65, 67, 71, 72, 119
Decoupling (ver Desacoplamento)
Deffuant, Guillaume, 116, 118
Degradação ecossistêmica, 45, 47, 53
Deluermoz, Quentin, 17
Democracia, 49
Demografia, 12, 48, 53, 86
Demora/retardamento (*delay*), 26
Dennet, Daniel C., 34
Depósitos antropocênicos, 60
Derretimento das geleiras, 75
Desacoplamento (*decoupling*), 21
Descarbonização, 78
Desenvolvimento humano, 23, 74, 75
Desenvolvimento sem crescimento, 55
Desigualdade social, 24, 51, 93
Desmatamento, 52

Índice remissivo

Desmaterialização, 21
Destruição ecossistêmica, 49
Diagrama de Bretherton, 43, 45, 64, 93, 111
Dialética, 96, 104, 105
Dialógica, 104, 105
Dinâmicas evolutivas, 89
Dinâmicas não lineares, 78
Dinâmicas socialmente mediadas, 80
Dinâmicas-chave da Terra, 62
Dinossauros, 8, 41
Dionísio, o Exíguo, 30
Dióxido de carbono, 27, 39, 58
Direitos humanos, 24
Dirzo, Rodolfo, 46, 47
Disponibilidade de água doce, 74
Diversitas, 64
Divulgação científica, 13, 35
Donges, Jonathan, 79, 80, 81, 85, 119
Doughnut, 22, 23, 24, 25
Drummond de Andrade, Carlos, 108
Dupuy, Jean-Pierre, 51
Duraiappah, Anantha, 66, 67
Durham, William H., 90
Earth System Dynamics, 44
Earth System Science Group (Exeter), 21
Earth System Science Interdisciplinary Center (Maryland), 21
Earth's Future, 44
Ecoceno, 18
Ecology and Society, 75
Economia, 21, 24, 25, 26, 78, 105
Ecossistemas, 22, 28, 31, 45, 46, 54, 78, 84
Edwards, Lucy E., 63

Efeito estufa, 32, 42, 57, 84, 85, 86
Ehrlich, Paul R., 46, 47, 48, 55, 90
El-Hani, Charbel, 107
Elias, Norbert, 17
Elkington, John, 36
Ellis, Erle C., 54
Emergência, 73, 95, 96, 97, 98, 99, 100, 102, 103, 106, 107, 116, 117
Emprego, 51
Energia, 24, 25, 34, 44, 45, 50, 51, 52, 53, 74, 84, 95, 112, 137
Energias fósseis (ver Combustíveis fósseis)
Energias renováveis, 50, 52, 53
Engelke, Peter, 32, 58
Entro, Evo, Info, 93, 94, 95
Entropia, 94, 95, 96
Epifenômenos, 102
Epigenética, 106
Epistemologia evolutiva, 107
Epistemologia, 97, 98, 103, 105
Equidade social, 24, 25
Equilíbrio termodinâmico, 73
Equilíbrio, 26, 37, 38, 71, 82
Era Atômica, 43
Era Cenozoica, 8, 28
Era da humanidade, 31, 113
Era industrial, 11, 58
Era Paleozoica, 41
Escala do Tempo Geológico, 14, 29, 60, 62
Escassez de água, 81
ESM (Earth System Model), 83
Espaço seguro e justo para a humanidade, 22, 24, 54
ESSP (Earth System Science Partnership), 44, 65, 66, 121

Estabilidade climática, 18, 30, 73, 75, 79

Estado gerenciável de estabilidade, 22, 73, 79

Estado holocênico, 74

Estoques/fluxos, 26

Estratigrafia, 28, 29, 59, 123

Estratótipos, 61, 62

Ethology & Sociobiology, 107

Eurásia, 8

Europa, 8, 30

Evolução, 8, 12, 27, 29, 34, 94, 95, 106

Evolution & Human Behavior, 107

Explosões nucleares, 9, 13

Extinções de megafauna, 8, 32

Extinções em massa, 37, 41, 46, 200

Feedback, 26, 61, 65, 78, 82, 85, 86, 91

Fertilidade (taxas de), 52, 53, 55

Fertilizantes, 34

Finney, Stanley C., 63

Física quântica, 93, 106

Física, 11, 45, 54, 95, 97, 99

Fisiologia, 91

FMI (Fundo Monetário Internacional), 48

Fogo, 8, 32

Fórum Econômico Mundial de Davos, 24

Fósforo, 24, 25

França, 19, 50

Fronteiras planetárias, 22, 23, 24, 44, 45, 73, 75, 76, 77, 79, 86

Future Earth, 44, 64, 65, 66, 121

Gaia (ver Hipótese Gaia)

GAIM (Global Analysis, Integration, and Modelling Task Force), 67

Galáxias, 95

Galileu Galilei, 122

Gás sulfídrico, 41

Gás, 39, 51, 110

Gases de efeito estufa, 32, 57, 84, 85

Gelo, 19, 58, 59, 61, 75, 80, 83, 86, 96

General systems transdisciplinarity, 70

Gênero humano, 35, 92, 113

Genômica, 99

Geociências, 28, 32, 33, 59, 62, 78, 119

Geophysical Institute (Bergen), 21

Geosfera, 43, 66, 67, 120

Gerard, Ralph, 69

Gerten, Dieter, 82, 85, 119

Glaciares, 84

Global Change and the Earth System, 68, 119

Golden spike (ver GSSP)

Governança, 21, 27, 44, 48, 52, 78, 86

Graieb, Carlos, 39

Grande Aceleração, 9, 27, 29, 32, 33, 58, 123

Gravidade quântica, 42

Gravidade terrestre, 112

Grinevald, Jacques, 76

Groenlândia, 18, 75

GSA Today, 59

GSSP (Global Boundary Stratotype Section and Point), 32, 59, 61, 62

Guardrails, 73

Guerra nuclear, 48, 52

Hamilton, Clive, 22, 47

Harari, Yuval Noah, 31, 32, 33, 34, 35

Índice remissivo

Harvard Business Review, 36
Hawking, Stephen, 42, 43, 44
HBES (Human Behavior and
  Evolution Society), 107
Hegel, G. W. F., 104, 105
Heráclito, 96
Hereditariedade, 106, 107
Heurísticas qualitativas, 71
Hidalgo, César, 95
Hidrogênio, 96, 112
Hidrosfera, 120
Hipótese Gaia, 14, 37, 38, 39, 40,
  69, 71, 72, 73, 89, 90, 109,
  110, 111, 121, 122
Hipótese Medeia, 14, 38, 39, 40,
  90, 122
História ambiental, 54, 58, 76,
  123
História da ciência, 14, 15, 57,
  66, 122
História da Terra, 12, 20, 28,
  39, 46, 60, 69, 109, 119, 120,
  123
História, 11, 12, 20, 30, 51, 93,
  104
Hitler, Adolf, 34
Hodgson, Geoffrey, 34
Holanda, 19, 50
Holoceno, 9, 11, 12, 13, 17, 18,
  19, 20, 23, 28, 29, 32, 34, 44,
  59, 60, 61, 62, 74, 75, 76, 77,
  78, 79, 123
Holograma, 103
Homeostase, 71, 91
Homo erectus, 8, 32
Homo floresiensis, 9
Homo neanderthalensis, 8, 9
Homo sapiens, 8, 9, 31, 32, 33,
  35
Hora final (*our final hour*), 42
Hutton, James, 111

IAM (Integrated Assessment
  Model), 83
ICS (International Commission on
  Stratigraphy), 29
ICSU (International Council for
  Science), 64, 65, 67
Idade Greenlandiana, 9, 12
Idade Meghalayana, 9, 11, 12
Idade Northgrippiana, 9, 12
IEA-USP (Instituto de Estudos
  Avançados da Universidade de
  São Paulo), 56, 137
IEE-USP (Instituto de Energia e
  Ambiente da Universidade de
  São Paulo), 137
IGBP (International Geosphere-
  Biosphere Program), 43, 63,
  64, 66, 67, 68, 69, 71, 73, 118,
  119, 121
Igualdade de gênero, 24, 25
IHDP (International Human
  Dimensions Programme on
  Global Environmental
  Change), 64
Iluminismo, 93, 94, 96
Impulsionadores sociais, 86
IN-TREE (Instituto Nacional de
  Ciência e Tecnologia em
  Estudos Interdisciplinares e
  Transdisciplinares em Ecologia
  e Evolução), 107
INCT (Instituto Nacional de
  Ciência e Tecnologia), 107
Índia, 12, 19, 103
Indústria, 11, 32, 57, 58, 74, 84
Informação, 94, 95, 103, 106
Informação genética, 103
Inovações tecnológicas, 78, 86
INPE (Instituto Nacional de
  Pesquisas Espaciais), 21
Inseguranças hídricas, 24, 25

Instituto de Biologia da Universidade Federal da Bahia, 107

Instituto de Geobiologia da Universidade de Adelaide, 90

Inteligência artificial, 17

Interações, 26, 45, 65, 78, 80, 86, 96, 99, 106, 114

Intervalo de variabilidade natural, 65, 74, 75

Inverno nuclear, 49

IPBES (Intergovernmental Science-Policy Platform on Biodiversity and Ecosystem Services), 44

IPCC (Intergovernmental Panel on Climate Change), 44, 82, 83, 85, 119

Irreversibilidade entrópica, 94

ISBE (International Society for Behavioral Ecology), 107

ISS (International Joseph A. Schumpeter Society), 107

ISSS (International Society for the Systems Sciences), 69, 70, 108

IUCN (International Union for the Conservation of Nature), 46

IUGS (International Union of Geological Sciences), 11, 12, 59, 62

Jet Propulsion Laboratory (Pasadena), 110

Journal of Evolutionary Economics, 107

Kepler, Johannes, 122

Kirschvink, Joe, 91

Kuhn, Thomas, 97, 122

Laplace, Demônio de, 116, 117

Larigauderie, Anne, 66, 67

Laszlo, Ervin, 69

Le Roy Ladurie, Emmanuel, 19

Leite, José Guilherme Pereira, 137

Lenton, Timothy, 109, 110, 111, 112, 113, 119

Lesne, Annick, 118

Lewis, Simon L., 33

Limiar (*boundary*), 24, 59, 77, 78

Limits to Growth, 87

Litosfera, 112

Lixo, 50

Lloyd, Seth, 95

Lochhead, Jamie, 28

Lógica, 96, 97, 104, 105, 117

Lopes, Reinaldo José, 102

Lorimer, Jamie, 20

Lovelock, James, 37, 38, 39, 42, 71, 72, 109, 110, 111

Luisi, Pier Luigi, 91

Magma, 42

Malhi, Yadvinder, 20, 59

Malone, T. C., 64

Malthus, Thomas Robert, 55

Malthusianismo, 48, 53, 55

Manifesto Ecomodernista, 21

Manifesto, 52, 65, 70, 108, 118

Marcadores estratigráficos, 28, 59, 61

Margulis, Lynn, 37, 71, 111

Marx, Karl, 104, 105

Maslin, Mark A., 33

Matemática, 63, 97, 98, 101, 117

Materialismo darwiniano, 34, 38, 91, 92, 93, 106

Mayr, Ernst, 34

Mazoyer, Marcel, 12, 13

McNeill, J. R., 32, 58, 76

Meadows, Dennis L., 87

Meadows, Donella, 87

Medeia (ver Hipótese Medeia)

Mediterrâneo, 9, 12

Meghalaya, 12

Mente quântica, 69

Mercado autorregulado, 25
Mesopotâmia, 12
Metano, 58
Meteorologia, 98
Micróbio, 41
Micronésia, 50
Migrações, 32
Mineração, 32, 51
Mito do homem econômico
   racional, 25
Modelagem, 79, 82, 85, 86, 89
Modelos socioambientais, 82
Molécula, 96
Molina, Mario, 17
Mooney, Harold, 66, 67
Morin, Edgar, 64, 100, 101, 102,
   103, 104, 105, 106, 115
Motomecanização, 34
Mudança climática, 12, 44, 80, 85
Mudança ecossistêmica global, 11
Müller, Jean-Pierre, 118
Multidisciplinar, 54, 63, 86
Nações Unidas (ver ONU)
NASA (National Aeronautics and
   Space Administration), 43, 64,
   90, 110, 111, 118, 121
Nature Sustainability, 54
Nature, 33, 34, 46, 57, 73, 74
Neolítico, 9, 12
Neomalthusianismo, 53, 55
Neural Darwinism, 106
Neurologia, 97
Neve polar, 61
Newton, Isaac, 26, 116
NGGIP (National Greenhouse
   Gas Inventories Programme),
   85
Nitrogênio, 24, 25, 27, 48, 83
Nível do mar, 75, 77, 81, 84
Nobre, Carlos, 85, 86, 119
Norberg, Johan, 51

Nordhaus, Ted, 23, 54, 55
Nova Zelândia, 84
Objetivo (*goal*), 37, 38, 39, 72
OCDE (Organização para a
   Cooperação e Desenvolvimento
   Econômico), 48
Oceanos, 24, 25, 27, 39, 40, 41,
   42, 45, 50, 75, 83, 84, 86, 110,
   112
ODS (Objetivos de
   Desenvolvimento Sustentável),
   36, 53, 54, 86
Oliveira, Sonia Barros de, 56, 137
OMC (Organização Mundial do
   Comércio), 48
Ontologia, 20, 97, 99
ONU (Organização das Nações
   Unidas), 23, 24, 48, 85, 87
Operadores, 102, 103, 116
Oposições não antagônicas, 105
Oreskes, Naomi, 57
Organismos, 8, 39, 40, 71, 89,
   106, 115
Organização com propriedades
   emergentes, 116
Oriente Médio, 8, 12, 51
Oxfam (Oxford Committee for
   Famine Relief), 23
Oxigênio, 42, 96
Paleoambientes, 62
Paleolítico, 8, 9
Paleontologia, 11, 17, 28, 30, 33,
   37, 90
Parker, Geoffrey, 19
Parmênides, 96
Partículas, 114, 115
Paz-e-justiça, 24, 25, 36
Paz, pessoas, planeta, parcerias e
   prosperidade, 38
Pensamento binário, 101

Pensamento complexo, 68, 98, 103, 116, 119, 122
Pensamento parcial, 101
Pensamento sistêmico, 69, 70, 71, 93, 111, 112, 113, 114, 116, 122
Pequena Idade do Gelo, 19
Pequenas Ilhas, 84
Perda de biodiversidade, 47
Perda de massa das placas de gelo, 75
Períodos interglaciais, 77
Permiano tardio, 41, 42
Pesca, 12, 17, 31
Pessoa Jr., Osvaldo, 99, 100
Pesticidas (ver Praguicidas)
Petróleo, gás e mineração, 51
Philosophical Transactions of The Royal Society, 76
PIB (Produto Interno Bruto), 25, 51
Pichot, André, 34
Pinker, Steven, 34, 51, 93, 94, 95, 96
Planetary Boundaries Research Network, 77, 121
Planetary machinery, 93
Plásticos, 27
Pleistoceno, 8, 18, 19, 77
Plioceno, 8
PLOS ONE, 118
PNAS (*Proceedings of the National Academy of Sciences*), 46, 66, 77, 78
PNUD (Programa das Nações Unidas para o Desenvolvimento), 23
Polinésia, 50
Poluição, 49
Ponto de mutação, 13, 60

Potsdam Institute for Climate Impact Research, 21
Praguicidas, 34
Pré-História, 9
Prigogine, Ilya, 95
Princípio da precaução, 76, 77
Processo civilizador, 17, 19, 35, 49, 91, 92, 93, 110, 113, 118, 119, 122
Processos embrionários, 105
Processos ondulatórios, 105
Processos revolucionários, 105
Profit, people and planet, 36
Progresso, 13, 35, 43, 94, 96, 113
Prometeu, 49
Propósito (*aim*), 38, 72, 90, 111
Prosperidade, 37, 47
Protozoários, 55
Proxy, 85
Psicologia, 36, 104
Quádrupla coevolução, 93, 110
Quantum Darwinism, 106
Quaternário, 8, 9, 28
Química, 17, 28, 40, 45, 54, 84
Raciocínio linear, 101
Racionalizações, 20
Randers, Jorgen, 86, 87
Rapoport, Anatol, 69
Raven, Peter H., 90
Raworth, Kate, 22, 23, 24, 25, 26, 54
Realimentações autorreforçantes, 77
Recursividade organizadora, 103
Redes, 24, 25, 80, 81, 82
Redfield, Alfred C., 111
Reducionismo, 99, 114, 117
Rees, Martin, 42, 43, 44
Regimes socioambientais, 81
Regiões polares, 39, 61, 84
Relações internacionais, 48

Índice remissivo

149

Religião, 9, 30, 92, 94, 97, 104
Reprodução cíclica (ondulatória), 105
Research Domain Earth System Analysis (Potsdam), 21
Resiliência sistêmica, 44
Retroação, 101
Revolução agrícola, 12
Revolução copernicana, 122
Revolução Industrial, 32, 57
Rio 92 (Conferência das Nações Unidas sobre o Meio Ambiente e o Desenvolvimento, ECO-92), 44, 52
Risco, 23, 35, 41, 49, 75, 77, 79
Rockström, Johan, 23, 74, 75, 76, 77, 79, 119
Roederer, J. G., 64
Rosling, Hans, 51
Roudart, Laurence, 13
Rousseau, David, 70, 71
Rowland, Frank Sherwood, 17
Royal Swedish Academy of Science, 21
Sagan, Carl, 110, 112
Satélite, 84
Saúde, 24, 25, 51, 55, 84, 86, 93
SBPC (Sociedade Brasileira para o Progresso da Ciência), 99
Schellnhuber, Hans Joachim, 73, 77, 79, 93, 119
Schelp, Diogo, 39
School of Earth and Environment (Leeds), 54
School of Geography and the Environment (Oxford), 20
Science, 76
Seção Global Estratigráfica e do Ponto (ver GSSP)
Sedimentos, 12, 59, 61, 110, 112
Segunda lei da termodinâmica, 94

Segunda revolução copernicana, 73, 93, 122
Segurança, 55, 73
Seitzinger, Sybil, 66, 67
Seleção de parentesco, 107
Seleção natural, 35, 92, 106, 107
Sexta extinção em massa, 46
SGSR (Society for General Systems Research), 69
Silvicultura, 85
Sinais radioativos, 32
Síntese ampliada, 106
Síntese, 104, 105, 106, 107
Sintropia, 95
Sistema autorregulador, 37, 38, 39, 65, 71, 72, 90, 91, 110, 111
Sistema climático físico, 45
Sistema econômico mundial, 82
Sistema Terra, 11, 14, 21, 23, 31, 43, 45, 47, 56, 61, 62, 63, 64, 65, 66, 68, 72, 73, 74, 75, 77, 78, 79, 80, 81, 82, 83, 84, 85, 86, 89, 90, 91, 93, 108, 109, 110, 111, 112, 113, 118, 119, 121, 122, 123
Sistema, 14, 39, 43, 44, 64, 66, 69, 70, 71, 72, 82, 83, 86, 89, 90, 91, 92, 98, 99, 108, 109, 111, 112, 113, 114, 115, 116, 117, 118, 122, 123
Sistemas complexos, 71, 78, 81, 109
Soberanias nacionais, 49
SRC (Stockholm Resilience Centre), 21, 86
Steffen, Will, 23, 58, 68, 69, 72, 73, 76, 77, 78, 79, 91, 119
Stewardship, 77
Stoermer, Eugene F., 17, 57
Subsistemas, 74, 114

Sumidouros de carbono, 78
Superestruturas, 102
Superpopulação humana, 53
Taxa de Lotação, 55
Taxas de fertilidade, 52, 53, 55
Taxas de mortalidade, 55
Tecnoceno, 28
Tectônica, 112
Temperatura dos oceanos, 39
Temperatura global, 39, 74, 78, 84
Teoria da catástrofe, 98
Teoria da complexidade, 98
Teoria da evolução, 34, 106
Teoria da tectônica de placas, 112
Teoria do caos, 98
Teoria Geral dos Sistemas, 69, 115
Teoria unificadora, 70
Teoria, análise e modelos, 79, 80
Ter-Stepanian, George, 28
Terciário, 8
Termodinâmica, 94
Terra-Estabilizada, 79
Terra-Estufa, 77, 78
The Anthropocene Review, 79
The Breakthrough Institute, 21, 54
The New York Times, 54
Thom, René, 98
Thornton, Peter, 82, 83, 85, 119
TNP (Tratado de Não Proliferação de Armas Nucleares), 44
Tort, Patrick, 34, 92
Trabalho-e-renda, 24, 25
Transdisciplinar, 63, 89, 93, 98, 100, 108, 121, 123
Três dimensões do desenvolvimento sustentável, 36

Tripé da sustentabilidade, 36
Turfa, 61
Tyrrell, Toby, 38, 90
UCS (Union of Concerned Scientists), 52
Umidade, 45, 96
UNFCCC (United Nations Framework Convention on Climate Change), 85
Usos irresponsáveis dos solos, 24, 25
Valores sociais, 78
Vapor, 55, 57, 58, 96
Veículos motorizados, 27, 51
Vernadsky, Vladimir, 18, 111, 120
Vogt, William, 55
Vulcões, 42, 45, 112
Vulnerabilidade, 84
Ward, Peter, 37, 38, 39, 40, 41, 42, 90, 91
Waters, Colin, 60
Watt, James, 57
WCRP (World Climate Research Program), 65
Welcome Complexity, 118
WGA (Working Group on the Anthropocene) (ver AWG)
Williams, Mark, 59
Wilson, Edward O., 34, 48
World Scientists' Warning to Humanity, 52, 54
Zalasiewicz, Jan, 59, 60, 62
Zhang, David D., 19

Índice remissivo   151

ESTE LIVRO FOI COMPOSTO EM SABON,
PELA BRACHER & MALTA, COM CTP DA
NEW PRINT E IMPRESSÃO DA GRAPHIUM
EM PAPEL PÓLEN NATURAL 80 G/M² DA
CIA. SUZANO DE PAPEL E CELULOSE PARA
A EDITORA 34, EM JANEIRO DE 2025.